LE PRIX MARCEL DUCHAMP 2019

LE PRIX MARCEL DUCHAMP 2019

ÉRIC BAUDELAIRE
KATINKA BOCK
MARGUERITE HUMEAU
IDA TURSIC & WILFRIED MILLE

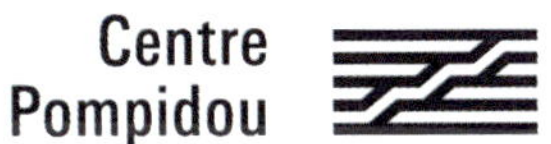

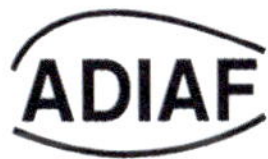

SilvanaEditoriale

Centre national d'art et de culture Georges Pompidou
Musée national d'art moderne - Centre de création industrielle

Couverture / *Cover*
Marcel Duchamp, *50 cc of Paris Air*, 1919, ampoule en verre / *glass ampoule*
Philadelphia Museum of Art (The Louise and Walter Arensberg Collection, 1950)
5 1/4 x 2 1/2 *inches* (13,3 × 6,4 cm)

4e de couverture / *Back cover*
Marcel Duchamp, *Marcel Dechiravit*

Avec la participation conceptuelle et amicale de Mathieu Mercier
With the amiable and conceptual participation of Mathieu Mercier

COMITÉ DE SÉLECTION ADIAF / ADIAF SELECTION COMMITTEE
Sylvie Fontaine, Gilles Fuchs, Thierry Gontier, Ronan Grossiat, Hervé Halgand, Laurent Issaurat, Nathalie Mamane-Cohen, Marie-Ange Moulonguet, Bruno Ribeyron-Montmartin, Maya Sachweh, Akemi Shiraha

JURY INTERNATIONAL / INTERNATIONAL JURY
Bernard BLISTÈNE, Directeur du / *Director of the* Musée national d'art moderne - Centre de création industrielle, Centre Pompidou, Paris
Joao FERNANDES, Directeur adjoint du / *Deputy Director of the* Museo National de Arte Reina Sofia, Madrid
Gilles FUCHS, Collectionneur, Président de l'ADIAF / *Collector, President of the ADIAF*
Jean de LOISY, Directeur des Beaux-Arts de Paris / *Director of the Beaux-Arts, Paris*
Afroditi PANAGIOTAKOU, Collectionneuse, Directrice de la Culture, Fondation Onassis / *Collector, Director for Culture, Onassis Foundation*
Catherine PETITGAS, Collectionneuse, Présidente de Fluxus Art Projects et du Conseil International de la Tate / *Collector, President of Fluxus Art Projects and of the Tate International Council*
Akemi SHIRAHA, Représentante de l'association Marcel Duchamp / *Representing the Marcel Duchamp association*

RAPPORTEURS / REPORTERS
Philippe Mangeot, Professeur / *Professor* (Éric Baudelaire)
Katrina Brown, Directrice de / *Director of the* Common Guild, Glasgow (Katinka Bock)
Alexandra Midal, Professeur ordinaire / *Professor* Head-Genève, commissaire d'exposition / *curator* (Marguerite Humeau)
Bernard Marcadé, Historien, critique d'art, commissaire d'exposition / *Historian, art critic, curator* (Ida Tursic & Wilfried Mille)

L'ADIAF (Association pour la diffusion internationale de l'art français), animée par des collectionneurs privés, soutenue par des sociétés françaises ou installées en France, s'est constituée pour aider les artistes français ou résidant en France.

The ADIAF (Association for the International Diffusion of French Art) is run by private collectors and supported by companies originating from or based in France. It has been formed to help French artists and artists living and working in this country.

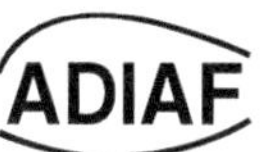

Association pour la diffusion internationale de l'art français
23, quai Voltaire 75007 Paris – T/F : 33 (0)1 42 96 24 00
E : adiaf@adiaf.com – Site Internet : www.adiaf.com

Sommaire / Contents

6 Préface
Introduction
GILLES FUCHS

8 Avant-propos
Foreword
BERNARD BLISTÈNE

10 Quatre as
Four Aces
NICOLAS LIUCCI-GOUTNIKOV

16 **ÉRIC BAUDELAIRE**
Chercher une forme
Looking for a Form
PHILIPPE MANGEOT

26 **KATINKA BOCK**
Équilibre et coexistence
Balance and Coexistence
KATRINA BROWN

36 **MARGUERITE HUMEAU**
High Tide
High Tide
ALEXANDRA MIDAL

46 **IDA TURSIC & WILFRIED MILLE**
Les propositions inqualifiables de I.T. et W.M.
I.T. and W.M.'s Indescribable Proposals
BERNARD MARCADÉ

PRÉFACE

Gilles Fuchs

Président de l'Association pour la diffusion internationale de l'art français
President of the Association for the International Diffusion of French Art

L'esprit français n'est pas un mythe. C'est une réalité qui transparaît dans les œuvres issues de notre scène hexagonale. Ainsi, au-delà du talent propre des artistes distingués par notre prix, je perçois presque toujours cet esprit des Lumières qui fait la spécificité de notre culture : éclairer le propos par la raison, cultiver une sensibilité tempérée par le sens de la mesure. Dans une époque marquée par les excès en tous genres, il me semble essentiel de porter un message humaniste illustrant cet esprit français d'ouverture et d'équilibre auquel je suis profondément attaché. C'est là toute la démarche de l'ADIAF qui s'est engagée pour le rayonnement international de la scène française actuelle avec le Prix Marcel Duchamp, créé en 2000, et devenu l'un des grands prix d'art contemporain de référence.

Ce travail de mise en lumière de notre scène de ce début du XXIe siècle présente la spécificité d'être mené par les collectionneurs, en l'occurrence les 400 amateurs passionnés que mobilise notre association. Des collectionneurs « militants » à qui l'ADIAF offre l'occasion unique de participer à la vie du monde de l'art. Chaque année en effet, ce sont des collectionneurs qui ont la lourde responsabilité de sélectionner les quatre artistes qui seront invités par le Centre Pompidou, l'une des plus grandes institutions muséales au monde. C'est un immense défi !

Je veux exprimer ici toute ma reconnaissance à Serge Lasvignes, président du Centre Pompidou, et à Bernard Blistène, directeur du Musée national d'art moderne. Leur confiance en l'œil des collectionneurs et leur soutien aux artistes nommés, qu'ils soient français ou résidant en France, et ceci quel que soit leur mode d'expression – installation, vidéo, peinture, photographie, sculpture –, illustrent une ouverture d'esprit et une prise de risque que je tiens à saluer.

Introduction

The French spirit is not a myth. It's a reality that shines through the works of our French scene. Consequently, beyond the talent specific to the artists distinguished by our Prize, almost always I can perceive that special feature of our culture, the spirit of Enlightenment, illuminating the subject by way of reason and cultivating a sensibility tempered by a sense of measure. In an era marked by excesses of every kind, it seems to me essential to send a humanist message illustrating this French spirit of open-mindedness and balance to which I am deeply attached. It recapitulates the whole approach of the ADIAF, an association committed to raising the profile of the current French scene with the Marcel Duchamp Prize, created in 2000 and now one of the major benchmark contemporary art prizes.

The work of highlighting our scene at the beginning of the 21st century is an exacting task that falls to the collectors, namely the 400 devoted art lovers who drive our association. "Militant" collectors to whom the ADIAF offers the unique opportunity of taking part in the life of the art world. Indeed, every year it is the collectors who have the heavy responsibility of selecting the four artists, invited at a later date by the Centre Pompidou, one of the greatest museums in the world. It's a tremendous challenge!

Here, I wish to take the opportunity of expressing my deepest gratitude to Serge Lasvignes, President of the Centre Pompidou and to Bernard Blistène, Director of the Musée National d'Art Moderne. Their confidence in the eye of the collectors and their support of the nominated artists, whether they are French or residing in France and whatever their mode of expression – installation, video, painting, photography, sculpture – demonstrate an open-mindedness and risk-taking I am eager to acknowledge.

The mission set by the ADIAF can be gauged today by a few significant key figures. There have been 80 artists and 18 laureates distinguished since the prize's creation; 50 exhibitions organized around the Marcel Duchamp Prize artists; and 140 works from 50 of the prize's artists shown during our 20 international exhibitions. In this respect, I would like to thank the Institut Français for the invaluable support given to our exhibitions throughout the world. In particular, I am thinking about the exhibitions presented this year in China, in Beijing and Shanghai, as well

La mission que s'est donnée l'ADIAF se mesure aujourd'hui à quelques chiffres-clés significatifs : 80 artistes et 18 lauréats distingués depuis la création du prix ; 50 expositions organisées autour des artistes du Prix Marcel Duchamp ; 140 œuvres de 50 artistes du prix présentées lors de nos vingt expositions à l'international. À cet égard, je tiens à remercier l'Institut français pour le concours précieux apporté à nos expositions à travers le monde. Je pense en particulier aux expositions présentées cette année en Chine, à Pékin et à Shanghai, ainsi qu'en Argentine, à Buenos Aires, à l'invitation de BienalSur.

Cette action conduite depuis près de vingt ans pour défendre la scène française n'aurait pu se déployer sans les mécènes qui nous accompagnent avec une générosité admirable et que je remercie de leur présence essentielle à nos côtés. Qu'il s'agisse de nos amis fidèles d'Artcurial, d'Inlex IP Expertise, du Comité Professionnel des Galeries d'Art et de la Fondation d'entreprise Hermès. Ou des nouveaux mécènes qui ont rejoint l'ADIAF plus récemment : l'ADAGP, l'école ICART et la Société Générale. Je tiens à saluer les partenaires qui contribuent à l'organisation du prix : Champagne Castelnau, Creativtv, Horizon Bleu et Silvana Editoriale. Je pense également au partenariat Media que nous renouvelons cette année avec *The Art Newspaper* ainsi qu'à nos nouveaux partenaires : *France Culture* et *Les Inrockuptibles*.

Le Prix Marcel Duchamp 2019 s'annonce comme une passionnante confrontation entre quatre artistes reflétant les différentes formes artistiques qui font la richesse de notre scène actuelle. Je veux rendre hommage à tous les acteurs de cette nouvelle édition. À commencer par les artistes dont les œuvres sont une source constante de réflexion, de désir et de plaisir pour les collectionneurs. Je n'oublie pas leurs galeries qui participent à la production des œuvres de l'exposition au Centre Pompidou, ni leurs rapporteurs. chargés de décrypter pour le jury le parcours artistique de chacun et apportant leurs contributions à ce catalogue réalisé avec le soutien du Ministère de la Culture que je remercie infiniment.

Comment ne pas saluer le travail du commissaire, Nicolas Liucci-Goutnikov, qui a magnifiquement orchestré cette exposition du Prix Marcel Duchamp avec le concours des équipes du Centre Pompidou dont nous connaissons tous le professionnalisme.

Mes derniers mots iront aux collectionneurs de l'ADIAF, en particulier à ceux du comité de sélection de cette dix-neuvième édition, qui se sont investis dans le rigoureux et exigeant processus de sélection des artistes, et au jury du Prix Marcel Duchamp 2019 qui a la lourde tâche de choisir le lauréat.

Merci à tous d'avoir contribué au rayonnement de notre scène et de faire vivre ainsi cet esprit français que l'ADIAF défend avec passion depuis tant d'années.

as in Argentina, in Buenos Aires, at the invitation of BienalSur.

Conducted over nearly twenty years, this championing of the French scene could never have been developed without the art-patrons who support us with their admirable generosity and whom I would like to thank for their indispensable presence at our side. Whether they are our faithful friends, Artcurial, Inlex IP Expertise, the Comité Professionnel des Galeries d'Art and the Fondation d'entreprise Hermès, or new art-patrons who have joined us more recently: the ADAGP, the ICART School and the Société Générale. I also wish to thank the partners who contribute to the prize's organization: Champagne Castelnau, Creativtv, Horizon Bleu and Silvana Editoriale, without forgetting our Media partnership that we are renewing this year with *The Art Newspaper* as well as our new partners: *France Culture* and *Les Inrockuptibles*.

The 2019 Marcel Duchamp Prize promises to be an enthralling confrontation between four artists reflecting the various artistic forms enriching our current scene. I wish to pay tribute to all the actors in this new edition. Beginning with the artists whose works are a constant source of reflection, desire and pleasure for collectors. And I do not forget their galleries who participate in the production of the works in the Centre Pompidou exhibition, or their reporters responsible for deciphering each artist's path and providing their contributions to this catalogue, made with the support of the Ministry of Culture that I wish to thank most warmly.

And how could I not acknowledge the work of the curator, Nicolas Liucci-Goutnikov who has orchestrated this Marcel Duchamp Prize exhibition so magnificently, supported by the teams of the Centre Pompidou of whose professionalism we are all well aware.

My last words go to the ADIAF's collectors, in particular those on the selection committee of this 19th edition, who really got involved in the rigorous and demanding selection process of the artists, and to the jury of the 2019 Marcel Duchamp Prize, who have the heavy task of choosing the laureate.

Thank you to everyone for having contributed to the reputation of our scene and, consequently, for having brought to life the French spirit that the ADIAF has championed enthusiastically for so many years.

AVANT-PROPOS

Bernard Blistène

Directeur du Musée national d'art moderne -
Centre de création industrielle
Président du Jury
Director of the Musée National d'Art Moderne -
Centre de Création Industrielle
President of the Jury

Le Prix Marcel Duchamp n'est plus à présenter. Au fil de quelque dix-neuf années, il s'est imposé comme un rendez-vous de la création contemporaine en France. La décision de réunir, le temps d'une importante exposition, les quatre finalistes a métamorphosé son impact. Elle a donné à voir et à comprendre des œuvres ambitieuses produites à cet effet. Le Prix Marcel Duchamp est un magnifique creuset de la création de notre pays et je ne peux que saluer avec reconnaissance Gilles Fuchs, le Président de l'ADIAF, et l'ensemble des membres de son équipe et de son conseil d'administration, pour mobiliser d'année en année les moyens humains et matériels à même de faire de cet événement un rendez-vous de première qualité.

Les quatre finalistes de cette dix-neuvième édition viennent, cette fois encore, d'horizons différents. Le Prix Marcel Duchamp leur a offert l'occasion d'échanges et de dialogues particulièrement intéressants. Ils ont croisé leurs idées, leurs enjeux, leurs perspectives. Ils ont conduit, sous la houlette de Nicolas Liucci-Goutnikov, conservateur au Musée national d'art moderne, dont je salue le travail et l'attention qu'il a portés au projet, la production des œuvres qu'ils exposent ici avec la complicité de différents partenaires dont les différentes galeries qui les soutiennent généreusement. Je souhaite à toutes et tous leur rendre ici hommage.

Ces quatre artistes, nous les connaissons et leurs œuvres ont marqué notre attention depuis de nombreuses années. Éric Baudelaire, Katinka Bock, Marguerite Humeau, Ida Tursic & Wilfried Mille proposent des œuvres pour le moins différentes. Ils n'ont clairement pas les mêmes intentions et c'est là le sel du Prix Marcel Duchamp que de pouvoir rassembler des figures aux objectifs foncièrement distincts. Le Prix Marcel Duchamp est une affirmation de la richesse et de la diversité des scènes artistiques de notre pays. Il traduit aussi les sensibilités des membres de l'ADIAF appelés à

Foreword

The Marcel Duchamp Prize needs no introduction. Over the last nineteen years it has become a key rendezvous in the world of French contemporary creation. The decision to bring the four finalists together in a major exhibition has transformed the impact it has had by allowing people to see and understand the ambitious works produced specifically for the competition. The Marcel Duchamp Prize is a wonderful melting pot for artistic creation in our country and I would like to show my gratitude to Gilles Fuchs, the President of the ADIAF, and all of the members of his team and his board of directors, for mobilising, year after year, both the human and material resources needed to make this a truly first-class event.

Once again, the four finalists of this nineteenth edition come from very different backgrounds. The Marcel Duchamp Prize is the opportunity for them to share their thoughts and some particularly interesting dialogues. They have brought together their ideas, issues and perspectives under the guidance of Nicolas Liucci-Goutnikov, curator at the Musée National d'Art Moderne and whose work and commitment to the project is highly-commendable. The works on show here have been produced with the help of the different partners involved including the galleries who have supported them so generously. I would like to pay tribute to them all here.

We have got to know these four artists and over a number of years their work has continued to attract our attention. The least that can be said is that the works by Éric Baudelaire, Katinka Bock, Marguerite Humeau, Ida Tursic & Wilfried Mille are very different. They clearly do not share the same intentions and that's just what makes the Marcel Duchamp Prize so interesting, bringing together artists with such fundamentally different objectives. The Marcel Duchamp Prize is a statement on the rich diversity of the art scene in our country. It also reflects the sensibility of the ADIAF members who have the task of choosing the four finalists in partnership with a curator who is specifically chosen each year. The Marcel Duchamp Prize is a collector's prize.

choisir, en toute complicité avec le commissaire désigné chaque année, les quatre finalistes. Le Prix Marcel Duchamp est un prix de collectionneurs.

Je souhaiterais dire ici combien je me félicite des quatre projets présentés. Éric Baudelaire, Katinka Bock, Marguerite Humeau, Ida Tursic & Wilfried Mille ont inventé des propositions passionnantes. Alors que deux d'entre eux se concentrent ici autour d'une nouvelle idée de la sculpture, Baudelaire porte un regard critique sur le monde tel qu'il va. Tursic et Mille s'amusent avec sérieux des effets détournés d'une peinture à l'âge médiatique. Et Bock et Humeau déploient dans l'espace deux langages bien distincts. L'une est l'héritière subtile des propositions plastiques des années 1970, alors que l'autre fonde sa pratique sur des récits inventés mêlant faits et fictions.

Pour rendre compte de ces quatre œuvres et des perspectives qu'elles dessinent, il fallait quatre rapporteurs complices et inspirés. Que Katrina Brown, Philippe Mangeot, Bernard Marcadé, Alexandra Midal qui ont nourri la compréhension et l'analyse de chacun des projets de leur fréquentation intime de ces quatre artistes soient chaleureusement remerciés!

L'année prochaine verra la vingtième édition du Prix Marcel Duchamp. Que de chemins partagés ! Que d'artistes révélés ! Il sera alors temps de faire le point et de mesurer tout ce que nous avons appris et découvert. Grâce soit rendue à Gilles Fuchs et à l'ADIAF d'avoir un jour mobilisé, avec autant de générosité, celles et ceux pour qui la création vivante était un enjeu essentiel, un enjeu de culture et de vie. Un enjeu de partage auquel cette nouvelle édition nous convie.

I would like to say how pleased I am to be able to present these four projects. Éric Baudelaire, Katinka Bock, Marguerite Humeau, Ida Tursic & Wilfried Mille have put forward some very exciting entries. Whilst two of them are concerned here with a new way of approaching sculpture, Baudelaire offers a critical vision of the world just as it is. Tursic and Mille offer an earnest look at the effects of "hijacking" a painting in the age of modern media. And Bock and Humeau use two very different pictorial languages. One is the discerning heir of 1970s art production whilst the other has founded her art practice on stories that blend together fact and fiction.

Four motivated and committed reporters were needed to fully appreciate these four works and the viewpoints they explore. I would like to warmly thank Katrina Brown, Philippe Mangeot, Bernard Marcadé, Alexandra Midal who have enriched our understanding and analysis of each of the projects thanks to their close relationships with the four artists concerned!

Next year will see the twentieth edition of the Marcel Duchamp Prize. So many shared experiences! So many newly-discovered artists! It will be the ideal moment to take stock and weigh up all we have learned and discovered. Sincere thanks to Gilles Fuchs and the ADIAF for having so generously united all those for whom living creation is a major concern, a cultural and social issue. A common challenge that brings us together once again for this latest edition.

QUATRE AS

Nicolas Liucci-Goutnikov

Commissaire de l'exposition
Curator of the exhibition

À qui se tourne aujourd'hui vers l'art du passé, celui-ci apparaît toujours de quelque manière ordonné, classé, constellé de points remarquables, tendu par de puissantes singularités formant comme les piliers d'une architecture lumineuse et solide. L'histoire a produit ses effets ; des récits ont lissé les différences et fait le vide autour de catégories dominantes ; le passage du temps a fait place nette. À l'inverse, l'art du présent se manifeste toujours sous un abord touffu, foncièrement hétérogène. Bien malin qui peut prévoir les récits écrits demain à son propos et désigner ceux des artistes de nos jours qui, comme dans une installation d'Ilya Kabakov, monteront dans le train qui les « prendra dans le futur ». C'est cet état d'indétermination et de tension incertaine vers la postérité, que s'efforce de panser – en plus de récompenser – le Prix Marcel Duchamp. Plus, peut-être, que nombre d'éditions précédentes, la dix-neuvième exposition des nominés reflète la concomitance de pratiques artistiques largement déconnectées les unes des autres, mais habitant toutes le même monde. Plus, peut-être, que nombre d'éditions récentes, elle signale que le temps des factions et des affrontements, dans le champ de l'art, n'est décidément plus à l'ordre du jour ; que le monde de l'art, comme la société du capitalisme avancé, a fait de la différence une vertu motrice, offrant à chacun de quoi satisfaire son désir, et neutralisant de ce fait, en son sein, la possibilité de véritables clivages ou de dissensus.

Quatre projets aux fondements plastiques dissemblables témoignent de cet état de placide coexistence des hétérogènes. Quatre projets singuliers pointent et stigmatisent, par le fait même d'être présentés ensemble, cet état de compossibilité propre à notre époque. Quatre projets singuliers mettent au défi du choix ; Éric Baudelaire construit un dispositif d'exposition aux multiples facettes à partir d'un film tourné au long court avec des collégiens

Four Aces

To people looking back at the art of the past it always appears somewhat ordered, classified, sprinkled with outstanding dots, stretched by powerful singularities that seem to form the pillars of a solid and luminous construction. History has produced its effects; narratives have smoothed out the differences leaving nothing more than dominating categories; the passage of time has made a clean sweep. By contrast, today's art continues to manifest itself through a bulky and fundamentally heterogeneous appearance. Who can say what will be written about art tomorrow or designate the artists of today who, like in one of Ilya Kabakov's installations, will climb aboard the train that will "take them into the future." It is this state of indeterminacy and uncertain tension in regards to posterity that the Marcel Duchamp Prize attempts to compensate. More so perhaps than in previous editions, the nineteenth finalists' exhibition reflects the concomitance of artists widely-disconnected from each other but who continue to inhabit the same world. More perhaps than in previous editions, it announces that the days of factions and confrontations in the field of art are no longer on the agenda; that, similarly to the society of advanced capitalism, the art world has made difference a driving force, fulfilling the desires of each and every individual and consequently neutralising any real possibility of internal division or dissensus.

Four projects with very different artistic concerns bear witness to this placid co-existence of heterogeneity. By being presented together, these four unique projects both highlight and stigmatise this state of "compossibility" so specific to our time. Four singular projects that make it difficult for us to choose; Éric Baudelaire builds a multifaceted approach by filming over a long period of time with secondary school students from Saint-Denis; Katinka Bock reworks, with discerning asceticism, the heritage of contemporary sculpture with works set in a fragile materiality. In her installation, Marguerite Humeau promises new mythological tales for a modern day confronted with ecological catastrophe. Ida Tursic and Wilfried Mille question the purpose of painting and its value today with irreverent facetiae. The presence of the latter is undoubtedly the unusual part of this edition in so much as it shows that even in France trench lines eventually end up

de Saint-Denis ; Katinka Bock relit dans une fine ascèse l'héritage de la sculpture contemporaine par ses œuvres prises dans une matérialité fragile ; Marguerite Humeau promet, à travers l'installation, de nouveaux récits mythologiques pour un présent confronté à la catastrophe écologique ; Ida Tursic et Wilfried Mille interrogent avec une facétie irrévérencieuse ce que peut valoir et vouloir la peinture aujourd'hui. Leur présence parmi les quatre nominés constitue sans doute l'événement le plus insolite de cette édition, tant il montre que, même en France, les lignes de tranchées finissent par disparaître. Le plus souvent absente du carré final du Prix Marcel Duchamp, la peinture fait l'objet, depuis les années 1970, dans notre pays, d'âpres débats. Par les quelques oppositions qu'elle parvient encore à susciter, elle reste capable de faire reluire ça et là les derniers feux d'idéologies artistiques ayant eu pour programme la liquidation des beaux-arts. L'ADIAF et son comité de sélection ont souhaité le retour de la peinture. Loin de prendre le pli de la célébration ou du tableau de salon, celui-ci aura été accompli par la grâce espiègle d'un projet permettant de jeter sur le médium-un-temps-roi un regard distancié. Il y aura donc eu de la peinture, en sus de la sculpture, de l'installation et du cinéma ; tous les « langages de l'art » auront été parlés, de la représentation narrative à la stricte reddition au médium ; différents niveaux d'engagement dans le monde auront été exprimés ; il ne restera plus à chacun d'entre nous – et pas seulement au jury ! – de décider.

1.

Ancré dans une tradition critique tenant à la fois de l'art conceptuel et du cinéma godardien, l'œuvre d'Éric Baudelaire vise à « mettre en crise » les systèmes de représentation qui structurent l'imaginaire contemporain. S'appuyant en large mesure sur sa formation première aux sciences politiques, Baudelaire privilégie le mode de l'enquête ou de l'étude de terrain, qui fournissent à la fois la matière et le cadre d'une pratique artistique attachée à « dénaturaliser » les schémas d'appréhension du réel. Renouvelant dans le présent les usages de la distanciation, sa *praxis* entend transformer le regard communément porté sur les faits sociaux, suivant cette dialectique du dévoilement dont sont redevables les tenants d'un art de la subversion analytique, depuis les prémisses brechtiennes jusqu'aux cas plus récents de Hans Haacke ou Allan Sekula. Approchée sous ces auspices, l'œuvre de Baudelaire se distingue par la place centrale accordée au médium cinématographique, qui constitue d'ordinaire le cœur des dispositifs conçus pour l'espace d'exposition. Convoquant différentes disciplines, ceux-ci intègrent notamment la photographie, le texte imprimé mais également la possibilité du débat, afin de

disappearing. Most often absent from the Marcel Duchamp Prize final four, painting has been the object of fierce debates since the 1970s in France. Through the few clashes it still manages to provoke, it succeeds in rekindling here and there the dying embers of artistic ideologies that aimed to liquidate the fine arts. The ADIAF and its selection committee wanted to bring painting back. Far from living room painting or celebration, this has been achieved thanks to the mischievous grace of a project that wanted to give a new distanced vision of the previous king of all artistic mediums. And so, in addition to sculpture, installation and film, there is then painting; all of the "languages of art" have had a chance to speak for themselves, from narrative representation through to a rigorous surrendering to the medium; expressions of different levels of commitment in the world. All that remains is for each of us – and not just the jury – to decide.

1.

Firmly-anchored in a critical tradition that values both conceptual art and Godardian cinema, Éric Baudelaire's work is concerned with "creating a crisis" within the systems of representation that structure the contemporary imagination. Largely using his initial training in political science, Baudelaire favours investigative modes or field studies which provide both the material and the framework for an artistic practice concerned with "denaturalising" the patterns of understanding reality. Reworking the usages of detachment, his *praxis* aims to transform the common vision of social facts, using this unveiling dialectic inherent in an analytically subversive art, from Brechtian theory up until more recent cases such as Hans Haacke or Allan Sekula. Under such premises, Baudelaire's work stands out due to the central position it gives to film and which is generally at the heart of the work he designs for exhibition spaces. He uses different disciplines, including photography, printed text, but also the idea of debate in order to make way for a truly "seeing together." And so, in September 2017, at the Centre Pompidou, the "APRÈS" project, organised by Éric Baudelaire and Marcella Lista, brought together different elements centred around the presentation of the film *Also Known as Jihadi* (2017). It retraced the journey of

ménager celle d'un vrai « voir ensemble ». Ainsi, en septembre 2017, au Centre Pompidou, le projet « APRÈS » déployé par Éric Baudelaire avec Marcella Lista assemblait différents éléments autour de la présentation du film *Also Known as Jihadi* (2017), qui retraçait le parcours d'un djihadiste, Aziz, depuis la banlieue parisienne jusqu'au tribunal correctionnel : d'une part, la présentation d'œuvres issues des collections du Musée national d'art moderne ; d'autre part, en une libre association, un programme quotidien de conférences et de discussions publiques, suivant un abécédaire pensé pour inviter à la réflexion sur le rôle de l'art.

À l'instar d'« APRÈS », le projet que Baudelaire présente dans le cadre du Prix Marcel Duchamp, « Tu peux prendre ton temps », s'articule autour d'*Un film dramatique*, long métrage dont la production a débuté il y a quatre ans. Vingt élèves du collège Dora Maar, situé à cheval entre Saint-Denis et Saint-Ouen, en sont à la fois le sujet, les acteurs et les auteurs. Questionnant la nature même du médium cinématographique à travers sa découverte par les collégiens, le film donne à voir la façon dont ces derniers se représentent, loin de tout cliché sur cette zone urbaine dite « sensible ». Le dispositif construit par Baudelaire révèle les dents creuses de l'espace d'exposition. Dans le couloir technique transformé en antichambre, un « prélude » fait s'entremêler images et voix d'enfants. L'ensemble se prolonge hors-les-murs, à Saint-Denis, où Baudelaire a installé un drapeau réalisé par l'une des collégiennes au sommet de la Tour Pleyel, en écho au travail de Daniel Buren, *Les Couleurs : Sculptures* (1975-1977).

2.

Situé à la croisée de diverses pratiques, entre ascèse et virtuosité, l'œuvre de Katinka Bock propose une relecture subtile et précise d'une histoire de la sculpture dans un « champ élargi ». S'appuyant sur une remarquable maîtrise des techniques traditionnelles, l'artiste convoque aussi bien le modelage, l'assemblage, la taille directe ou la fonte ; servie par un habile sens de la mise en espace, son œuvre se présente sous la forme d'arrangements dont la grâce délicate s'affirme avec une stricte retenue. Dans une lignée post-minimale, Bock étouffe les signes d'expressivité en soumettant le processus créatif aux lois de la nature, plaçant *in fine* au premier plan les qualités premières de la matière. Ses « mises en situation sculpturales » résultent de la définition préalable de paramètres simples, qui en déterminent le devenir. Réactivant le langage de l'*arte povera*, Katinka Bock fait un large usage de matériaux naturels laissés dans un état d'instabilité afin d'assujettir leur forme à l'épreuve du temps. Reposant sur des équilibres précaires, les arrangements de Bock restent donc éminemment ouverts à de futures altérations. Dans une dimension *in*

Aziz, a jihadist, from the Parisian suburbs to the magistrates' court. On the one hand, the presentation of works from the Musé National d'Art Moderne collections. On the other, in a free association, a daily program of conferences and public debates following an alphabet book designed to invite reflection on the role of art.

Following on from "APRÈS," the project Baudelaire presents, within the framework of the Marcel Duchamp Prize, "Tu peux prendre ton temps," focuses on *Un film dramatique*, a full-length film which he began four years ago. Twenty students from the Dora Maar secondary school, situated midway between Saint-Denis and Saint-Ouen, became both subjects, actors and authors of the film. Questioning the very nature of the cinematic medium as it was discovered by the students the film shows us the way in which they represent themselves, far from the clichés of this so-called "sensitive" urban zone. The device constructed by Baudelaire uncovers the normally unoccupied areas of the museum space. In the service corridor transformed into an antechamber, the "prelude" mixes together the images and voices of the children. The work continues outside the museum walls in Saint-Denis, where Baudelaire has installed a flag at the top of the Pleyel Tower, made by one of the students in a reference to Daniel Buren's *Les Couleurs : Sculptures* (1975–1977).

2.

Located at the crossroads of diverse practices, between asceticism and virtuosity, the work of Katinka Bock offers a subtle and detailed re-reading of the history of sculpture in an "extended field." Based on a remarkable mastery of traditional techniques, the artist brings together modelling, assemblage, direct sculpting or casting techniques. With a skilful understanding of space, Bock presents her work in the form of arrangements whose delicate gracefulness asserts itself with rigorous restraint. From a post-minimalist lineage, Bock muffles the signs of expressiveness by subjecting the creative process to the laws of nature, focusing ultimately on the qualities of the raw materials themselves. Her "sculptural situation settings" are the result of some pre-defined but simple parameters which determine what is to come. Reactivating the language of *arte povera*, Katinka Bock uses mainly natural materials left in a state of instability in order to subject their forms to the test of time. With their fragile

situ, ils se plient aussi au lieu dans lequel ils s'inscrivent, sur le mode de l'empreinte [porter les traces du site], du mesurage [se conformer aux dimensions du site] ou de l'infiltration [parasiter le site].

L'ensemble sculpté que Katinka Bock propose pour le Prix Marcel Duchamp reflète les multiples facettes de son travail. Dans *Landumland*, la dimension *in situ* transparaît de diverses façons. Le projet se déploie au sein d'un espace d'exposition laissé en partie brut. Il s'articule autour d'un damier de plaques de cuivre aux dimensions identiques à celles des dalles des terrasses du Centre Pompidou. Ce damier a été installé plusieurs semaines sur l'une d'entre elles. Il y a subi un processus naturel d'oxydation, recouvert d'un grand lé de tissu qui en porte désormais l'empreinte et sert de toile de fond à l'ensemble du projet. Sur ce damier est disposé un radiateur que Bock a emprunté à un résident du quartier, puis mis en fonction grâce à un circuit hydraulique connecté à l'infrastructure du bâtiment. *Landumland* est exposé à la dégradation des matériaux qui le constituent : deux citrons attachés à une tige métallique modifient la flexion de cette dernière à mesure qu'ils se gâtent, tandis qu'une structure en balancier traverse le mur de la galerie. Le poids suspendu à l'un de ses bras est un poisson enrobé d'une fine seconde peau métallique. À l'autre extrémité, un récipient en terre cuite voit sa masse allégée à mesure que l'eau qu'il contient s'évapore, provoquant une modification continue du rapport entre les deux poids. *Landumland* comprend enfin une sculpture anthropomorphe, attestant l'intérêt de Katinka Bock pour des formes de « vivre ensemble ».

3.

Reposant intégralement et affirmativement sur la narration, l'œuvre de Marguerite Humeau témoigne d'un présent où les vestiges des grands programmes modernistes qui prescrivirent un temps la reddition des arts à leur médium ont été bien balayés. Entre contes merveilleux et dystopies contemporaines, Humeau compose des récits spéculatifs où s'entrelacent faits et fiction. Chacun de ces récits est élaboré au terme d'une phase de recherche préalable à laquelle l'artiste, vorace lectrice, associe de nombreux spécialistes en fonction des sujets abordés – linguistes, biologistes, historiens, paléontologues, anthropologues, zoologues ou explorateurs. Humeau imagine de nouvelles formes de vie ou tente d'en ressusciter des disparues : celles-ci se manifestent à travers des sculptures réalisées dans les matériaux les plus innovants et selon les technologies les plus avancées en matière de moulage et d'impression, créant une forte sensation de distorsion entre le présent de la technique et le passé archaïque des créatures invoquées, mais également entre le mode de production industriel, souvent sériel, et la vie animant les

equilibrium, Bock's arrangements remain then extremely vulnerable to alterations in the future. From an *in situ* dimension, they also adapt to their environment by means of imprint (carrying the marks of the site), measurement (conforming to the dimensions of the site) or infiltration (interfering with the site).

Katinka Bock's sculpted ensemble for the Marcel Duchamp Prize reflects the multiple facets of her work. In *Landumland*, the *in situ* dimension comes through in various ways. The project is arranged in a partly untouched exhibition space. It centres around a chequerboard made up of copper plates of the same dimension as the slabs on the Centre Pompidou terraces. The chequerboard was installed on one of the terraces several weeks beforehand. It underwent a natural process of oxidisation, covered over with a large length of fabric which now carries an imprint and serves as a backdrop for the whole of the project. Bock placed a radiator borrowed from a resident in the neighbourhood onto the chequerboard and this was then put into working order by connecting it up to the building's hydraulic circuit. *Landumland* is exposed to the degradation of the materials it is made of: two lemons attached to a metal rod modify the flexion of the latter as they rot away, whilst a balancing structure goes through the gallery wall. The weight suspended to one of its arms is a fish covered in a thin metallic second skin. On the other end, a terracotta recipient becomes lighter as the water it contains evaporates, provoking a continual modification in the relationship between the two weights. Lastly, *Landumland* includes an anthropomorphic sculpture attesting to Katinka Bock's interest in forms of "living together."

3.

Relying fully and positively on narration, Marguerite Humeau's work testifies to a present where the vestiges of the great modernist programs, which advocated for a time surrendering the arts to their medium, have been swept away. Somewhere between wonderful fairy tales and contemporary dystopias, Humeau composes speculative narratives where fact and fiction are blended together. Each of her stories is created at the end of a research phase carried out beforehand. A voracious reader, the artist associates numerous specialists from different fields to her work – linguists, biologists, historians, palaeontologists, anthropologists, zoologists or explorers.

êtres figurés. Formée au design, généralement entourée d'ingénieurs, Marguerite Humeau déploie une riche panoplie lui permettant d'asseoir et de développer la narration : ses « sculptures haute-définition » s'inscrivent dans des environnements comprenant le son, l'animation ou la vidéo. En véritable designer d'histoires, Humeau met en œuvre un art renouant somme toute avec l'âge classique : un art mis pleinement au service de sujets littéraires.

La trame narrative du projet présenté pour le Prix Marcel Duchamp prend appui sur des observations éthologiques posant l'hypothèse de nouveaux comportements religieux adoptés par certains animaux en réponse aux bouleversements climatiques et aux extinctions de masse qui en résultent. Présentées au centre de l'espace, plusieurs figures de « danseurs » réalisées à partir du même moule se présentent sous forme de systèmes respiratoires de créatures aquatiques, librement façonnées par Humeau à partir d'ouvrages de biologie. Elles semblent subir l'empoisonnement des océans. Les poumons se gonflent et se dégonflent, paraissant suffoquer. Ils finissent par exécuter ensemble un rituel dansé – un premier rituel non humain – en direction d'un grand disque rempli d'eau représentant l'astre lunaire. Celui-ci, visible du spectateur comme depuis le dessous de l'eau, se meut en fonction de la force gravitationnelle exercée par la lune au point géographique où il est placé. Habitant les murs de la galerie, une créature inconnue enveloppe le groupe animé dans une masse sonore synthétisée pour évoquer un déluge spéculé. Enfin, un diagramme guide le spectateur parmi les notions convoquées ici par Marguerite Humeau.

4.

Tursic et Mille se livrent à une exploration jubilatoire de la condition du médium pictural à l'ère post-historique. Découpés, superposés, placés contre les cimaises, accrochés à des structures, fichés sur des socles, leurs tableaux-objets occupent l'espace et nient avec facétie le primat de la bidimensionnalité en peinture. Dans une veine picabiesque croisant la combinatoire amalgamique d'un Martin Kippenberger, Tursic et Mille contestent aussi la pertinence du style. Rejouant le mythe de l'artiste-démiurge, ils s'adonnent volontiers à l'abstraction gestuelle, sans renoncer pour autant à la figuration. Centrale dans leur œuvre, celle-ci repose sur l'appropriation de l'imagerie produite ou récupérée par la « société du spectacle », dans une négation gentiment désinvolte de la valeur de l'original. Abolissant toute forme de hiérarchie entre les sujets et les sources, leur entreprise de recyclage traite indifféremment de motifs pornographiques ou domestiques, puisés dans les films d'auteur ou plus largement sur internet. Au bout du compte, bien sûr, le goût lui-même est la victime

Humeau imagines new forms of life or attempts to resuscitate extinct ones: these are manifested in sculptures made from the most innovative materials and according to the most advanced technology in terms of casting and printing, creating not just a strong feeling of distortion between the technical present and the archaic past of the creatures evoked, but also between industrial modes of production (often mass produced) and the life animating the beings figured. Trained in design and used to working with engineers, Marguerite Humeau uses a rich display which allows her to establish and develop the narrative: her "high-resolution sculptures" are part of environments which include sound, animation or video. As a true story designer, Humeau puts into play an art that fully reconnects with the classical age: an art entirely at the service of literary subjects.

The project's narrative plot for the Marcel Duchamp Prize relies on ethological observations based on the hypothesis of the new religious behaviour adopted by some animals in a response to climatic changes and the resulting mass extinction. Presented in the centre of the exhibition space, several "dancing" figures made from the same mould appear like the respiratory systems of aquatic creatures, freely created by Humeau from biology books. They are being poisoned by the oceans. Their lungs inflate and deflate, seemingly suffocating. They end by carrying out a ritual dance together – the first non-human ritual – turning towards a large disc filled with water representing the moon. This moon, which the spectator can see as if they were below water, moves in function with the gravitational forces exerted by the moon at that precise geographical point. An unknown creature inhabiting the gallery walls envelops the animated group with a synthesised mass of sound as if to evoke a forthcoming deluge. Finally, a diagram guides the spectator through the notions evoked here by Marguerite Humeau.

4.

Tursic and Mille offer us an exhilarating exploration of the state of the pictorial medium in the post-historic era. Cut-up, superimposed, placed against the hanging rails, hung to structures and thrust onto plinths, their painting-objects occupy the space and jokingly thwart the primacy of painting's bi-dimensionality. Tursic and Mille also contest the pertinence of style in a Picabia-inspired style, mixed

terminale de cette peinture qui, mettant le collectionneur auquel elle s'adresse face à la vérité de ses engagements intérieurs et de ses indéfectibles soutiens, fait rigoureusement tache.

Constituée de six pièces, la proposition réalisée pour le Prix Marcel Duchamp, « Before Becoming a Poodle, a Duck, or Something Else », compte plusieurs références à l'histoire de l'art, comme pour signifier l'état d'épuisement de la peinture et réfléchir à « si l'on peut continuer ainsi ». Ces références opèrent à la fois à travers les titres, dont certains désignent explicitement des maîtres modernes – Malevitch, Rothko – et orientent inéluctablement la lecture des œuvres, et la citation de tableaux de l'âge classique, en l'occurrence un tableau de Greuze, sans parler d'un petit chat à la queue hérissée dont il est inutile de rappeler la paternité. Le petit félin n'est pas le seul représentant de la faune des animaux domestiques : d'« inquiétants » canards jaunes sont enfilés avec des cubes rouges sur une longue tige métallique aux courbes capricieuses qui occupe le centre de l'espace. La découpe préalable du support pictural tient dans ce projet une place prédominante. Le contour du support en bois vient redoubler celui des objets représentés – un chien de salon rescapé d'un passé néo-pop, un jeune éphèbe plus grand que nature ne portant rien d'autre qu'un chapeau, mais également une palette et des taches de peinture exagérément agrandies, éléments fétiches de la mythologie du peintre et de son atelier. Les uns sur les autres, jouant sur les effets d'échelle, accrochés ou appuyés au mur, ces tableaux-décors forment comme une scène où se jouerait joyeusement le « drrrame » de la peinture contemporaine.

with Martin Kippenberger's amalgamic combination. Replaying the myth of the artist-demiurge, they willingly devote themselves to gestural abstraction without abandoning figuration. Central in their work, figuration relies on the appropriation of imagery produced or recycled from the "society of the spectacle" in a gentle negation of the value of the original. Abolishing all forms of hierarchy between subjects and sources, their "recycling" process treats pornographic and domestic images drawn from art-house films or more widely from the internet, indifferently. In the end, taste itself is the final victim of this painting which by confronting the collectors it addresses with the reality of their inner commitments and indefectible support, stands out like a sore thumb.

Made up of six pieces the entry made for the Marcel Duchamp Prize, "Before Becoming a Poodle, a Duck, or Something Else," includes several references to the history of art, as if to signify the exhausted state of painting and question "if we can carry on like this." These references operate both through the titles of the work, some of which explicitly name modern masters – Malevich, Rothko – and thus ineluctably orientate the reading of the works, and by citing paintings from the classical age, in this case a painting by Greuze, without mentioning a little cat with a spiky tail (whose paternity needs no reminder). The little feline is not the only representative of the fauna of domestic animals: "uncanny" yellow ducks and red cubes are thread onto a long metallic rod with erratic curves in the centre of the space. The pre-cut pictorial medium is at the heart of this project. The contour of the wooden support mirrors the objects presented – a lapdog survivor of a neo-pop past, a young larger-than-life ephebe wearing nothing but a hat, along with a palette and some oversized blobs of paint, fetichised elements drawn from the mythology of the painter and his studio. One on top of the other, playing with the effects of scale, hung up or resting against the wall, these painting-decors form a kind of stage set where the "drrrama" of contemporary painting is joyfully played out.

ÉRIC BAUDELAIRE

Philippe Mangeot

Chercher une forme

Tu peux prendre ton temps : le titre de l'installation d'Éric Baudelaire est d'abord emprunté à l'une des trois œuvres qui la composent. Dans *Un film dramatique,* la jeune Fatimata enjoint à celle qui tient alors la caméra de faire durer son plan.

Mais Baudelaire a fait du désamarrage des formes ou des images et des possibilités d'intelligibilité qui en résultent l'un de ses modes opératoires. *Tu peux prendre ton temps* s'adresse donc aussi à nous, qui nous apprêtons aux 114 minutes du film, précédées des 13 minutes de *Prélude* – sa boîte noire, projetée dans un couloir technique de l'espace d'exposition. Et il faudra encore prendre sur son temps pour aller à Saint-Denis contempler le drapeau, clin d'œil à Buren, hissé sur la Tour Pleyel par l'artiste et les élèves du collège Dora Maar que les deux œuvres précédentes nous auront fait connaître : le musée, point de départ vers leur monde.

À prendre ainsi son temps, on découvrira que l'intitulé de l'installation est aussi la formule de sa création. Car le tournage d'*Un film dramatique* aura duré quatre ans, au cours desquels Baudelaire a retrouvé, à échéances régulières, les enfants qu'il avait rencontrés lors de leur entrée en sixième.

Quatre ans, c'est le temps d'observer leur corps s'affiner, leur voix muer, leur discours s'élaborer ou se déliter, un passé se constituer. C'est aussi le temps d'un investissement progressif de l'école, ici filmée dans les interstices des cours, mais dont on voit les effets dans les savoirs qu'ils mobilisent. C'est un temps césuré par des événements qui ont percuté les vies, à commencer par les attentats parisiens de 2015 au lendemain desquels le regard sur leur corps a changé.

Quatre ans, c'est à tous ces égards le temps même d'une création. Car Baudelaire et les élèves de Dora Maar n'auront cessé

Looking for a Form

The title of Éric Baudelaire's installation, *Tu peux prendre ton temps* (You can take your time), was initially borrowed from one of the three works that composes it. In *Un film dramatique,* the young Fatimata instructs the person holding the camera to take her time and prolong her shot.

But Baudelaire has made the liberation of forms or images (and the intelligible possibilities that stem from it), one of his modus operandi. *Tu peux prendre ton temps* is also addressed to us as we get ready to watch the 114-minute long film, preceded by the 13-minute *Prélude* – its black box, projected in a service corridor of the exhibition space. And you'll have to take time again when you go to Saint-Denis to look at the flag (a reference to Buren) hoisted atop the Pleyel Tower by the artist and a group of students from the Dora Maar middle school, which we have met in the previous two works. The museum has become a point of departure towards their world.

If you take your time, you'll discover that the title of the installation is also the key to its creation. The filming of *Un film dramatique* lasted four years, during which Baudelaire regularly got together with the children he had first met when they entered the 6th grade.

Four years: enough time to watch their bodies grow, their voices break, their discourse develop or dwindle, and a past build up. It was also time enough for the school, filmed in-between classes, to do its work, and see the effects of the knowledge it generates within the students in the film itself. It was a time broken up by events that shook their lives, starting with the 2015 Paris terrorist attacks that altered the way their bodies were perceived in the immediate aftermath.

In all these ways, four years was a time of creation. Baudelaire and the students at Dora Maar never stopped asking themselves what it is they are making together. Answering this political question – one that involves representations of power, social violence and identity – led them to seek a cinematic form that does justice to the uniqueness of each student, but also to the substance of their group. What are we making together, if it is neither

de se poser la question de savoir ce qu'ils fabriquent ensemble. Répondre à cette question – politique en ce qu'elle engage les représentations du pouvoir, de la violence sociale et de l'identité – c'est pour eux partir à la recherche d'une forme qui rende justice à la singularité de chacun, mais aussi à la consistance du groupe. Qu'est-ce qu'on fabrique ensemble, si ce n'est ni un documentaire ni une fiction ? Un film *dramatique*, peut-être, où se découvre la possibilité pour chacun, en filmant pour les autres, de devenir co-auteurs du film, c'est-à-dire déjà sujets de leur propre vie.

On ne s'étonnera donc pas qu'au générique le nom de l'artiste figure, sans privilège, au même titre que ceux des enfants ou de la monteuse Claire Atherton. À cet égard, Baudelaire relance ici deux questions qui ont été jusqu'à présent au cœur de son cheminement. Celle de l'auteur, à la crise duquel il contribue joyeusement : la quasi-totalité de son travail donne à voir ce processus au terme duquel le sujet de l'œuvre devient partie prenante de sa création, au point qu'on peut faire l'hypothèse qu'Éric Baudelaire est le nom d'un artiste collectif aux configurations mobiles. Mais aussi celle de la construction des subjectivités politiques, qu'il a pu explorer dans plusieurs films en empruntant à Masao Adachi sa « théorie du paysage » : une bonne façon d'approcher un être est de regarder ce qu'il voit.

En ce sens, Baudelaire radicalise les axes essentiels de son œuvre. Car il ne s'agit plus ici de travailler avec des pairs ni avec des personnes investies de l'autorité d'un savoir ou d'un passé, mais avec des mineurs, sans œuvre et sans archive. Entré dans le monde de l'art par la grande forme photographique, Baudelaire accueille comme siennes les images erratiques produites par des enfants.

Difficile, en les regardant faire, d'oublier que ces enfants font partie de la première génération qui ait toujours vécu dans l'horizon d'une catastrophe planétaire. Il fallait bien que la menace de la disparition affecte les formes mêmes de l'art et en redéfinisse les coordonnées éthiques et esthétiques. En traitant ces enfants à égalité, en produisant avec eux une œuvre dont l'ambition tient à sa modestie, Baudelaire prend acte de cette nouvelle donne, et ouvre le temps de la promesse au cœur de la pensée du désastre : ce temps qu'il nous reste à prendre.

documentary nor fiction? A *dramatic* film, perhaps, where we discover the possibility for each to speak in their own name by filming for others, and to become co-authors of the film and subjects of their own lives.

We are therefore not surprised that the name of the artist figures without any special treatment in the credits, just the same as the names of all the children and the film's editor Claire Atherton. In this regard, Baudelaire circles back to two questions which have been at the heart of his artistic journey up until now. The question of the author, a crisis he joyfully contributes to: virtually all of his work reveals a process whereby the subject of the work becomes part and parcel of its creation, to the extent that we could hypothesise that Éric Baudelaire is actually the name of a collective artist with shifting configurations. The second is the question of the construction of political subjectivities, which he explored in several films by borrowing Masao Adachi's "landscape theory": a good way of understanding someone is to look at what they see.

Here, Baudelaire radicalises the key themes in his work. He is no longer concerned with working with peers nor with people invested with the authority of knowledge, or a history. He is collaborating with youths who do not have a body of work or an archive of their pasts. Having entered the art world as a photographer orchestrating grand forms, Baudelaire now welcomes the erratic images produced by children as if they were his own.

Watching these children at work, it is hard to forget that they belong to the first generation to have always lived with a planetary catastrophe on the horizon. It was therefore inevitable that the threat of extinction would affect the very forms of art, redefining its ethical and aesthetic coordinates. By treating these children equally, by producing together a work whose ambition itself is rooted in its modesty, Baudelaire recognises this new order and leaves room for hope somewhere at the heart of these catastrophic thoughts, a hope that resides in this time we have left to take.

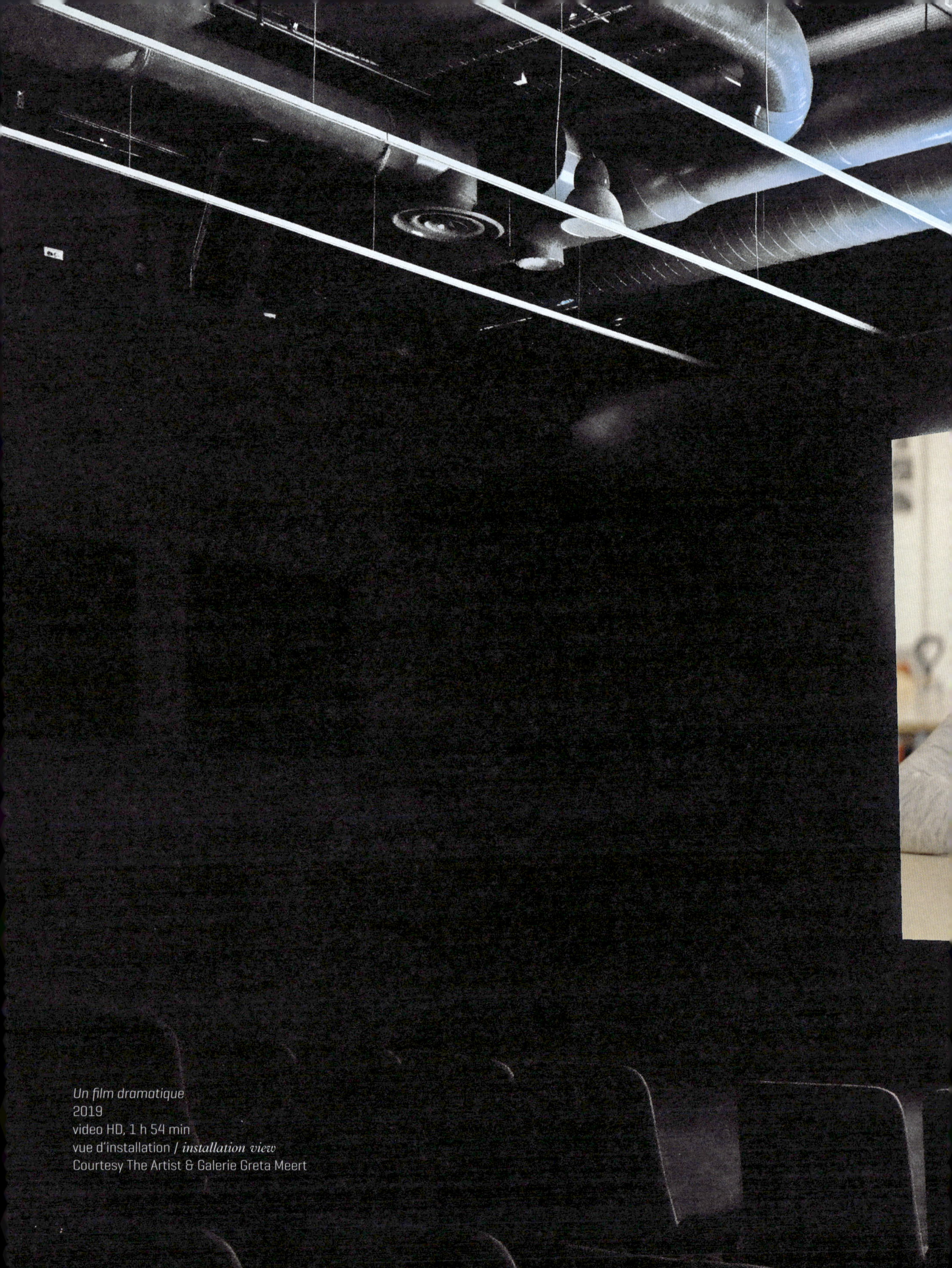

Un film dramatique
2019
video HD, 1 h 54 min
vue d'installation / *installation view*
Courtesy The Artist & Galerie Greta Meert

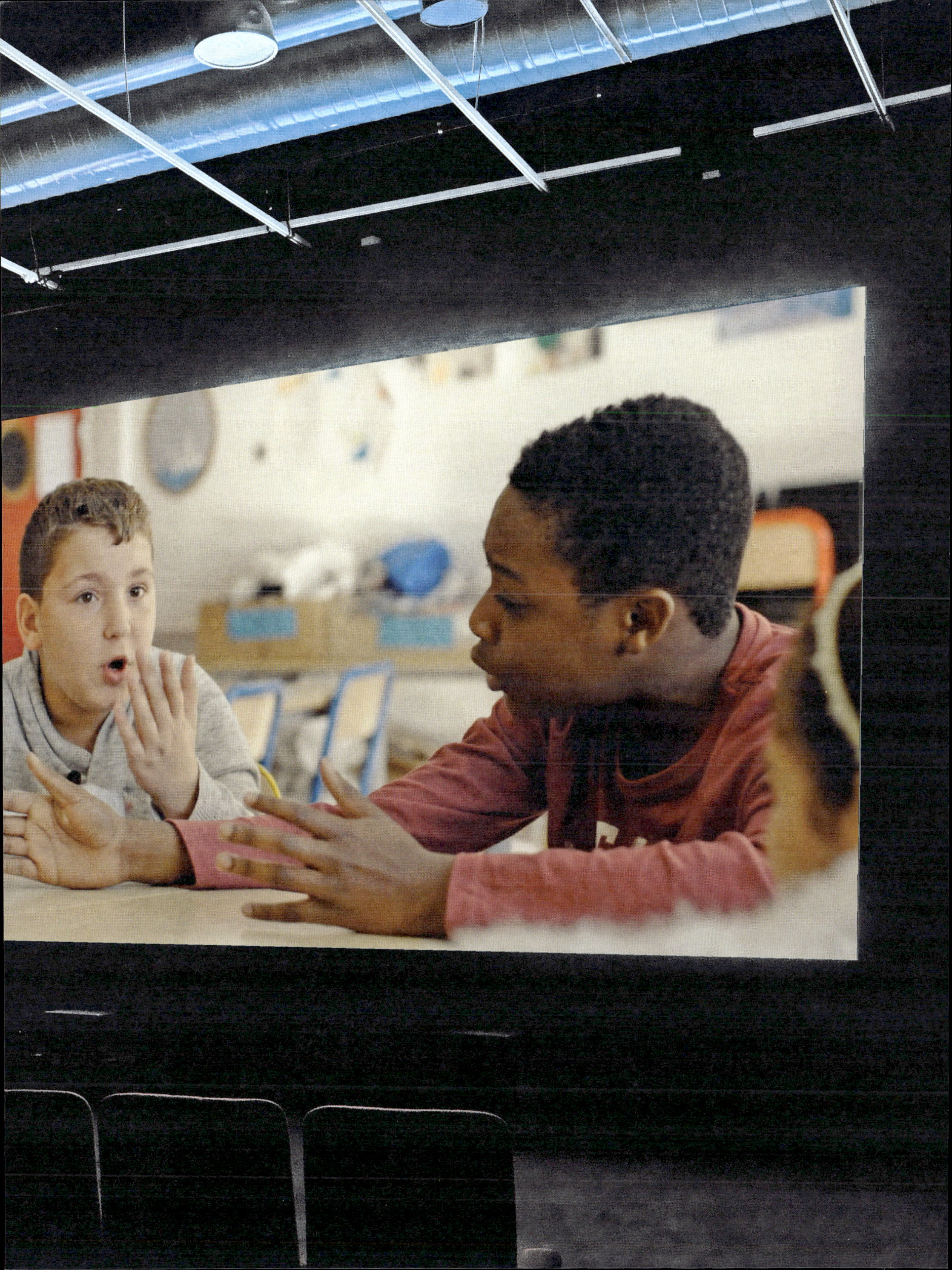

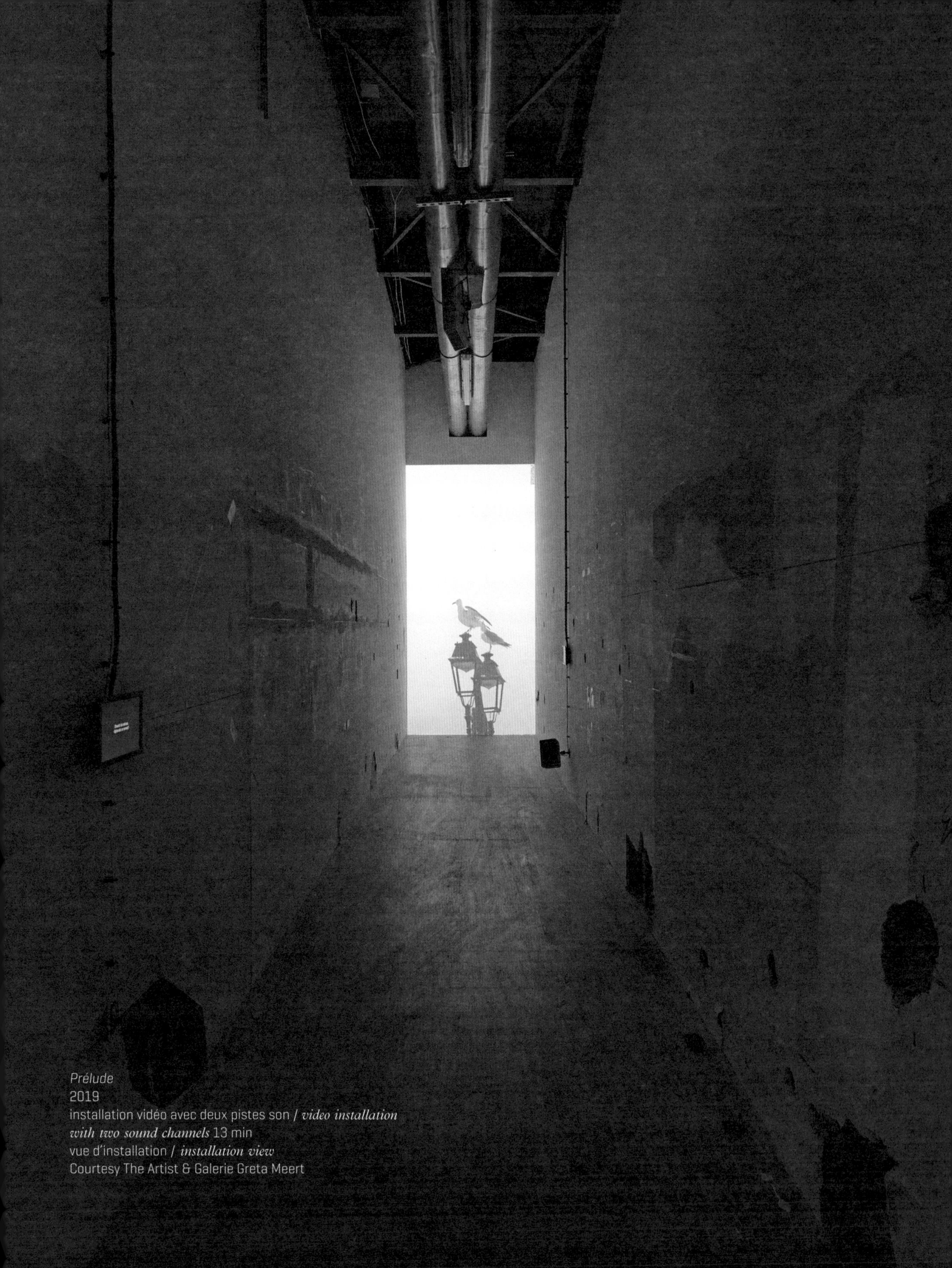

Prélude
2019
installation vidéo avec deux pistes son / *video installation with two sound channels* 13 min
vue d'installation / *installation view*
Courtesy The Artist & Galerie Greta Meert

Tirés à part / *Ephemera*
A5, impression rotative
couleur / *colour rotary print*

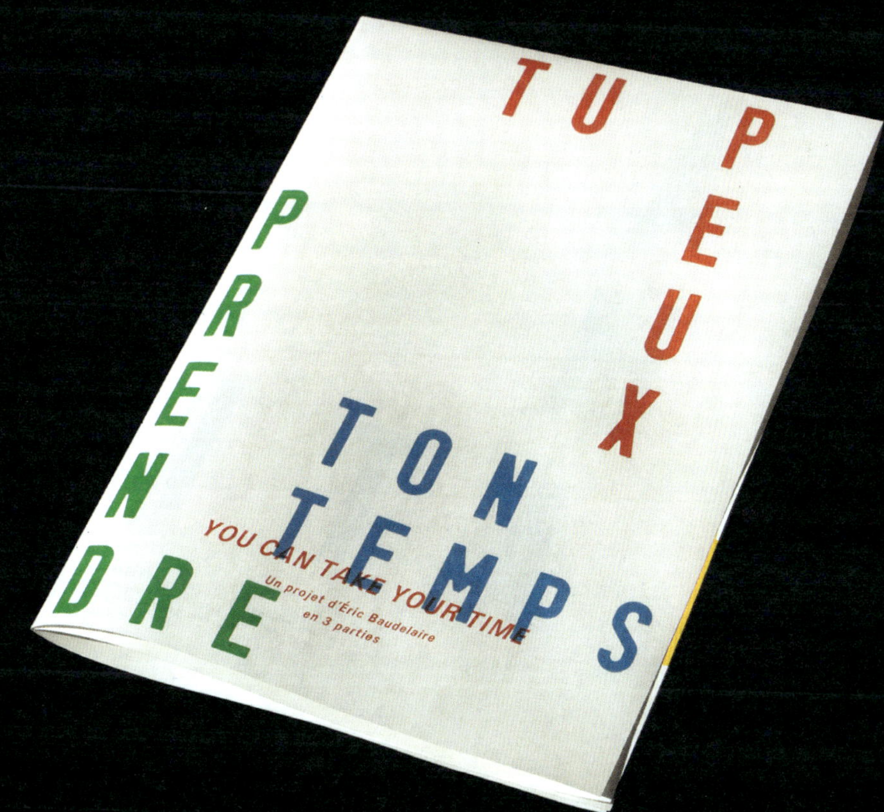

ELSEWHERE

As beautiful as a Buren but further

Flag by Dafa Diallo hoisted on the Pleyel tower in Saint-Denis.

To view the work: see it with a pair of binoculars from the footbridge on level 4 of the Centre Pompidou at 48°55'12"N, 2°20'42"E, or take the metro line 13 to Carrefour Pleyel, look up, and see the flag from the street.

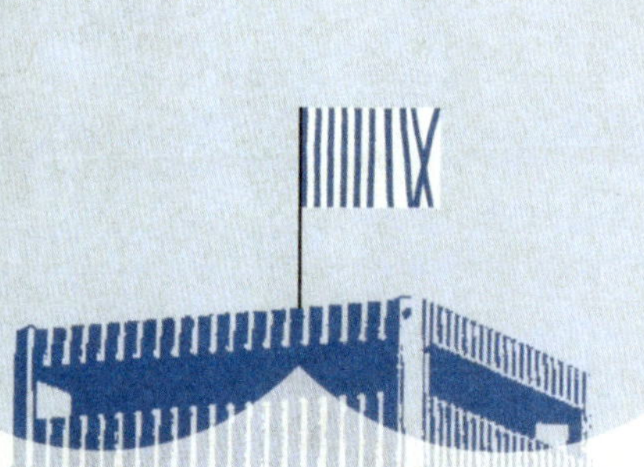

AILLEURS

Beau comme un Buren mais plus loin

Drapeau réalisé par Dafa Diallo, hissé sur la tour Pleyel à Saint-Denis

Deux parcours pour voir la pièce :

En montant sur la passerelle du niveau 4 du Centre Pompidou, muni de jumelles, on aperçoit le drapeau sur la tour Pleyel

à 48°55'12"N, 2°20'42"E

En sortant du metro à Carrefour Pleyel, ligne 13, on voit le drapeau depuis la rue.

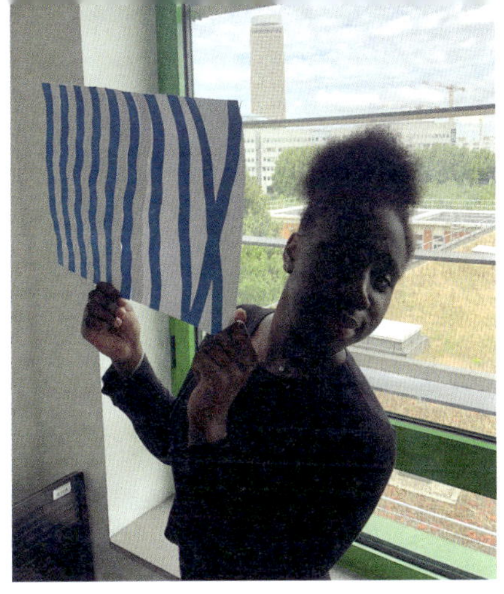
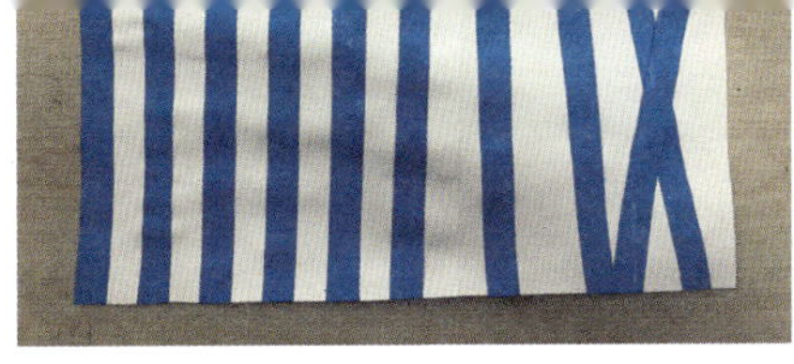

Un projet d'Éric Baudelaire réalisé avec / *A project by Éric Baudelaire made with*

Anida Ait Abdesselam, Ambrine Belarbi, Andres Castro Henao, Assia Chaihab, Melinda Damis, Alyssa David, Dafa Diallo, Océane El Faqir, Sabou Fofana, Gaëtan Gichtenaere, Lina Ikhlef, Bintou Kamate, Guy-Yanis Kodjo, Ibrahima Konate, Basile Leignel, Gabriel-David Pop, Aissé Sacko, Rabyatou Saho, Mohammed Samassa, Fatimata Sarr, Manelle Zigh.

Hélène Maes, assistante de projet / *project assistant*
Claire Atherton, montage et mise en espace / *editing and spatialization*
Pierre-François Letué, graphisme / *graphic design*
Claire Lavabre, photographie/ *photography*

Un grand merci à / *Special thanks to* Mokhtar Ait Daoud, Sonia Ahmimou, Manon Bordes, Isabelle Boulord, Frédéric Buisson, Alexandra Delage, Financière des Quatre Rives, Léa Forrestier, Antoine de Galbert, Leslie Guillochon, Boris Litty, Marco Lubrano, Hervé Mamino, Philippe Mangeot, Greta Meert, Morten Salling, Rasha Salti et aux parents de tous les élèves / *and to all the students' parents.*

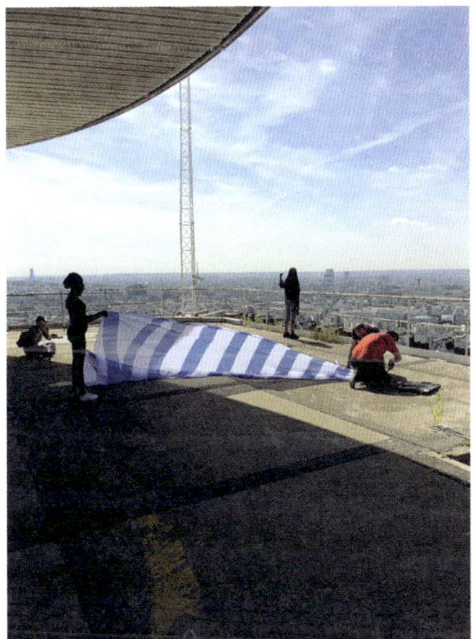
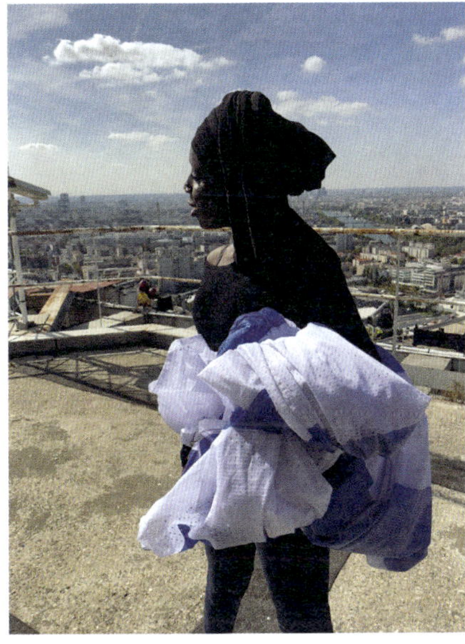
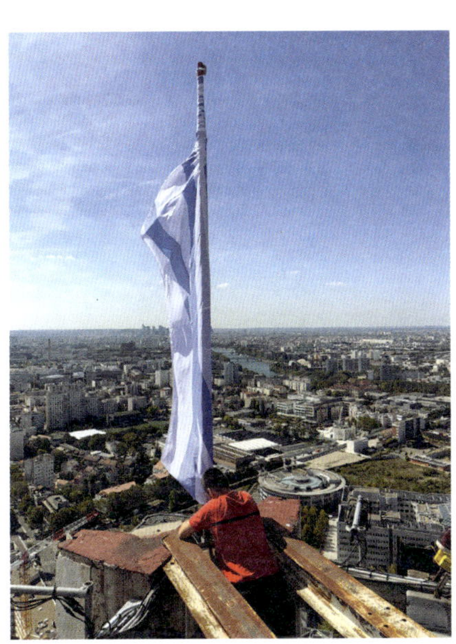
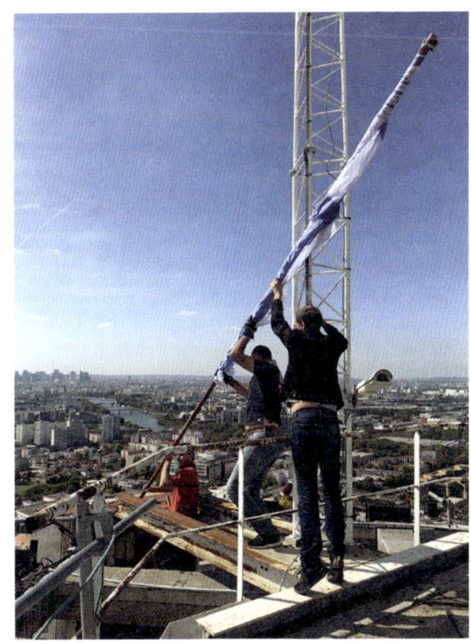
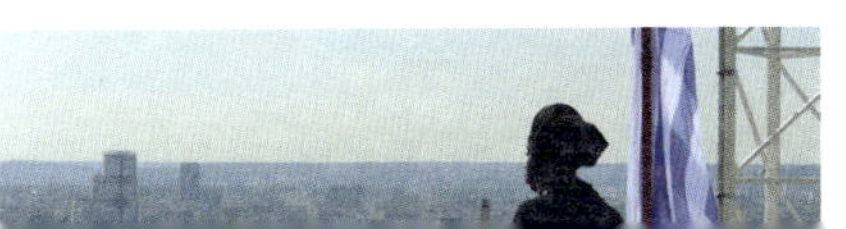
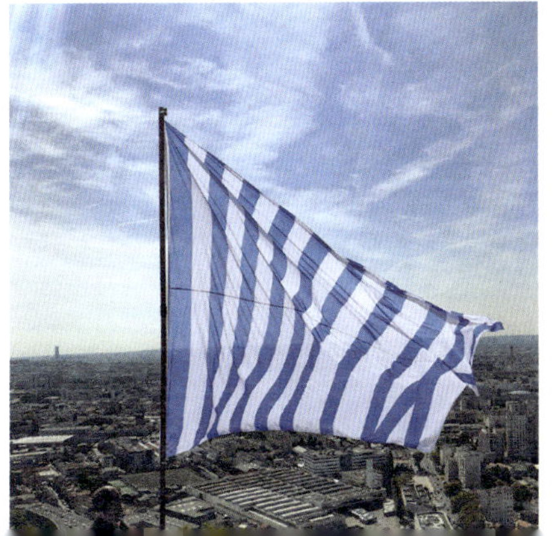

Dafa Diallo avec son drapeau, installé sur la Tour Pleyel à Saint-Denis / *Dafa Diallo with her flag, installed on the Pleyel Tower in Saint-Denis*

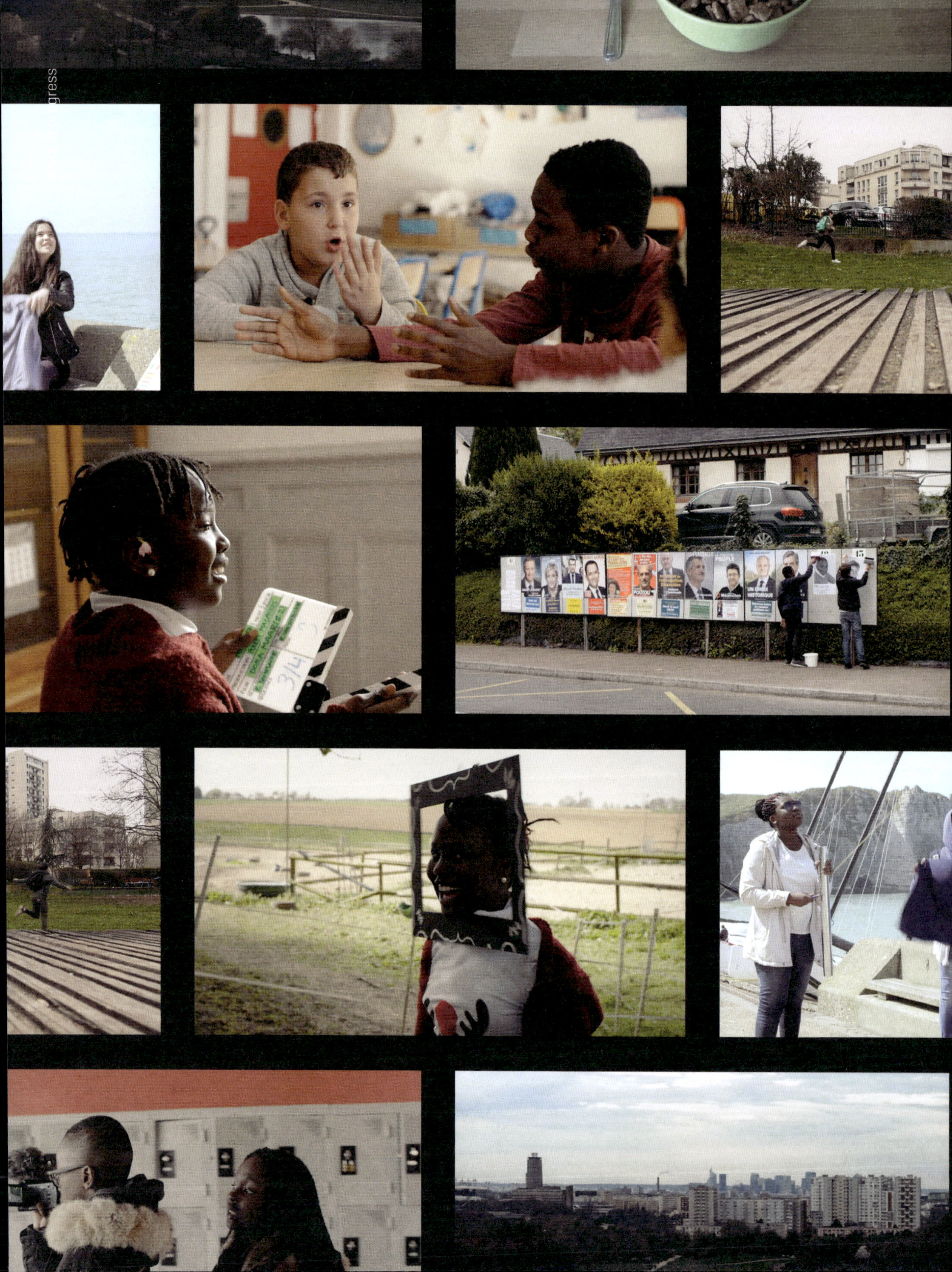
gress
UN CHOIX HISTORIQUE
15

Un film dramatique
photogrammes / film stills

Tirés à part / *Ephemera*
A3, impression rotative couleur / *color rotary printing*

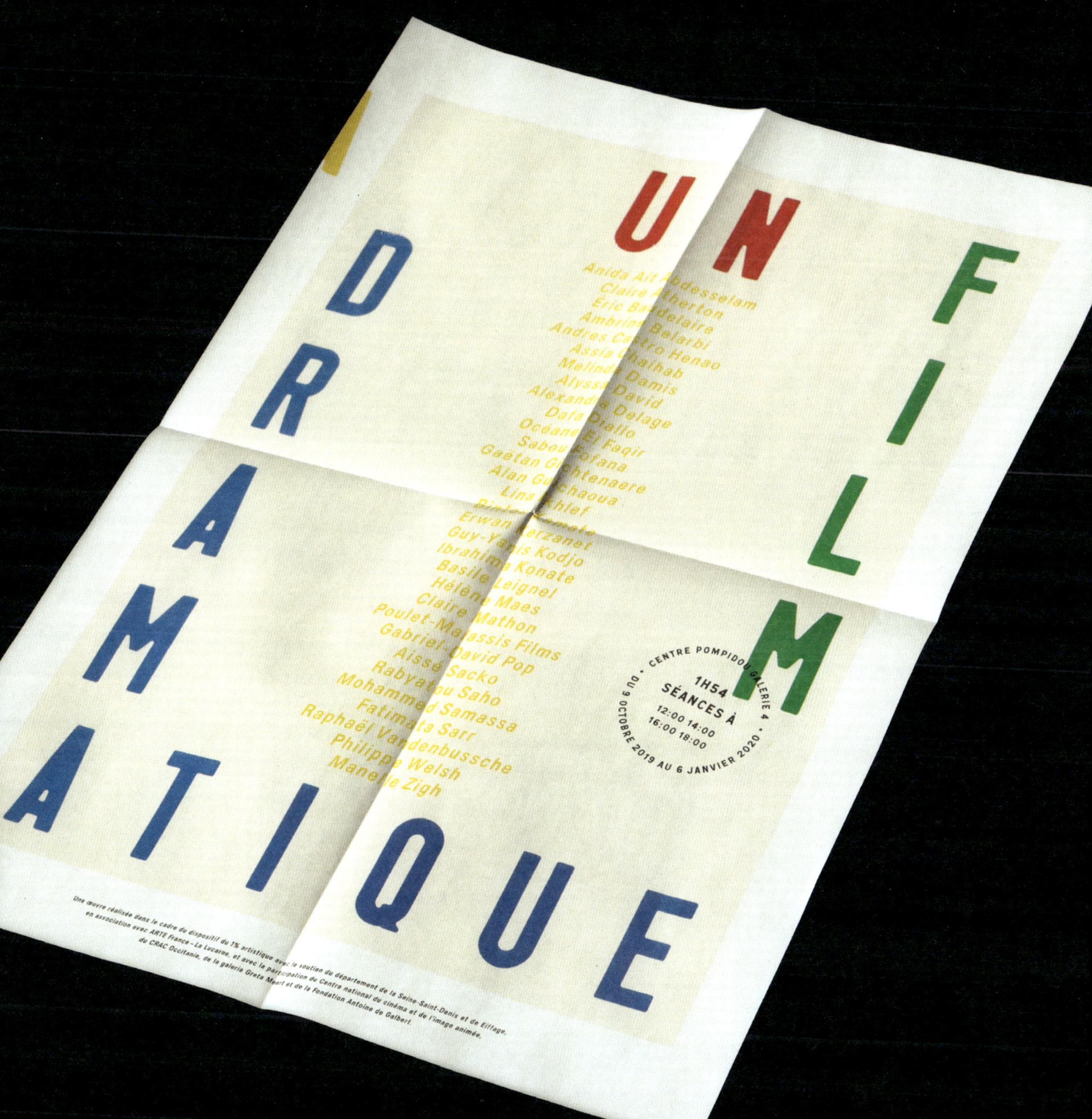

KATINKA BOCK

Katrina M. Brown

Équilibre et coexistence

On a tendance à croire que tout ce qui est numérique, virtuel, atomisé caractérise l'expérience humaine contemporaine. Cependant, à l'ère de l'anthropocène, elle demeure incontestablement physique et connectée. Après tout, nous sommes des êtres physiques et mortels, de plus en plus conscients de l'interdépendance des espèces, des relations qui transcendent les frontières et les générations, de notre impact sur la planète, ainsi que de notre dépendance vis-à-vis d'elle. On nous enseigne que le corps humain est principalement constitué d'eau, que nous sommes ce que nous inhalons et ingérons, de nos jours même du plastique[1]. Nous ne sommes pas, loin s'en faut, des entités hermétiques et discrètes. Nous savons comment et dans quelle mesure une vie en affecte une autre, comment une action ici affecte des gens là-bas, ou plus tard. Nous n'existons pas. Nous coexistons.

Depuis 15 ans, l'œuvre de Katinka Bock affiche une conscience aiguë des dépendances qui façonnent notre vie. Des systèmes d'échange et d'effet infusent régulièrement son travail ainsi que leurs funestes corollaires : la contamination, l'infiltration et la pollution. Elle y fait explicitement référence dans l'installation de tuyaux en plomb récupérés, présentée lors de son exposition *Radio Piombino* en 2018. Des tuyaux en plomb qu'elle a vu arrachés à de vieux bâtiments en rénovation, telles des veines extirpées d'un corps. Le plomb, ce respectable convoyeur d'eau potable devenu une source de poison.

Landumland, l'installation de Katinka Bock pour l'exposition du Prix Marcel Duchamp, contient un certain nombre d'éléments issus de ses matériaux et formes de prédilection : moules en bronze, cônes en céramique, plaques en cuivre, objets récupérés (ici un radiateur et des piquants de porc-épic). Elle évoque parfois des formes humaines

Balance and Coexistence

There is a tendency to think that the peculiar character of contemporary human experience is the digital, the virtual, the atomised. In this era of the anthropocene, however, it remains incontrovertibly physical and connected. We are physical, mortal beings after all, with a growing awareness of the inter-dependency of our species, of the relationships that transcend national boundaries and generations, as well as our impact and dependency on the planet. We learn that the human body is mostly water, that we are what we inhale or ingest, including, now, plastic[1]. We are far from hermetic, discrete entities. We know how and to what extent one life affects another, how action here affects people there, or then. We don't exist. We co-exist.

Katinka Bock's work over the past 15 year has displayed an acute awareness of the dependencies that permeate our lives. Her work is regularly infused with systems of exchange, of effect and the more malign corollary of contamination, infiltration and pollution. This was explicit in the installation of found lengths of lead piping in the exhibition *Radio Piombino* in 2018. Lead piping that Bock has watched being stripped out of old buildings under renovation, like veins being pulled form a body. The lead, once the welcome bringer of clean water into homes, ultimately a source of poison.

Bock's installation for the Prix Marcel Duchamp exhibition, *Landumland*, contains a number of elements from her now characteristic range of materials and forms: bronze casts, ceramic cones, copper tiles, found objects (in this case a radiator and porcupine needles) and the occasional allusion to the human form (a head-sized, convex carving, the cast of a lemon positioned like a breast). These forms are part of her evolving language. As Bock herself has said: "Une exposition, c'est comme un texte, on a les mots et il faut trouver la phrase."[2]

Many of these forms are weathered, tarnished, or marked by some foregoing, unknown events. This is the case with two large panels of the same size in *Landumland*. One is a vertical, suspended panel of fabric; the other, a horizontal platform of copper tiles.

[une sculpture convexe de la taille d'une tête, un moulage de citron placé comme un sein]. Ces formes appartiennent au langage en mutation de l'artiste. Elle explique en effet qu'« une exposition, c'est comme un texte, on a les mots et il faut trouver la phrase[2] ».

Ces formes sont souvent dégradées, détériorées ou marquées par un événement antérieur et inconnu. C'est le cas dans *Landumland* avec deux grands panneaux de taille identique. L'un est un tissu suspendu à la verticale, l'autre une plateforme horizontale formée de plaques en cuivre. Le tissu et les plaques ont passé cinq mois sur une des terrasses extérieures du Centre Pompidou, étalés sur le sol au pied d'une sculpture d'Alexander Calder. Dans cette position, le tissu posé sur le cuivre, ils ont absorbé le soleil, la pluie et les conditions atmosphériques de Paris en 2019, pour devenir une empreinte analogique qui reflète exactement le temps et le lieu du processus d'élaboration.

Tandis que ces éléments ont été façonnés par le bâtiment, qu'il s'agisse de leur taille ou leur apparence, d'autres s'y intègrent, car *Landumland* n'est pas simplement posée dans l'espace de la galerie. Elle s'insère dans le bâtiment et son atmosphère, comme un organe qui vient d'être greffé dans un corps, ou un parasite. Un radiateur en fonte, en état de marche, est relié à la plomberie générale. Il a été prêté par un habitant du quartier, suite à une campagne d'affichage où l'artiste proposait au volontaire « d'échanger son radiateur contre une de ses œuvres, le temps de l'exposition ». Le radiateur chauffe réellement la carpe en bronze échouée dessus. Infiltrer la structure même de l'exposition et étirer son empreinte sur son environnement immédiat est caractéristique de l'approche de Katinka Bock.

Comme de nombreuses expositions de l'artiste ces dernières années, *Landumland* émerge du contexte situationnel et d'une expérience vécue au jour le jour : chaleur, eau, nourriture. Cependant, ses formes sont aussi issues de l'histoire de l'art : le citron de Manet ou Cézanne, le mobile de Calder. À l'aide de ce langage, qu'elle développe avec éloquence, Katinka Bock nous parle du monde dans lequel nous vivons et de son écologie fragile. Elle infuse une palette issue à la fois de l'art et de la vie quotidienne, avec un sens profond des réalités contemporaines.

[1] https://www.theguardian.com/environment/2019/jun/05/people-eat-at-least-50000-plastic-particles-a-year-study-finds.
[2] « Par les temps qui courent », *France Culture*, 23 mai 2019.

Both the fabric and the tiles have been aged over a period of five months, spent on an outdoor terrace of the Centre Pompidou, where they were laid on the ground at the feet of a sculpture by Alexander Calder. In this position, the fabric lying on top of the copper, they soaked up the sun, rain, and general atmospheric conditions of Paris in 2019 to become an analogue, one-to-one record of the time and place of the exhibition's making.

While these elements have been affected by the building, others are integrated into it, for *Landumland* does not simply sit in the space of the gallery. It inserts itself into the building and its climate, like a newly transplanted organ in a body, or a parasite. A functioning, cast-iron radiator is plumbed into the building's system, a radiator borrowed from a local resident, the result of a poster campaign in which the artist invited the willing lender "d'échanger son radiateur contre une de ses œuvres, le temps de l'exposition." The radiator provides actual heat, for the unwitting bronze carp that lies on it. It is typical of Bock's approach to infiltrate, not just the exhibiting institution's very fabric, but to extend the tentacles of the exhibition into its immediate environs.

As with many of Bock's exhibitions in recent years, *Landumland* emerges from the conditions of its location and from day-to-day, lived experience: heat, water, food. Her forms are also, however, those of art: the lemon of Manet or Cézanne, the mobile of Calder. With this language, so eloquently developed in recent years, Bock speaks of our contemporary condition, and its precarious ecology. Bock infuses a palette drawn from both art and daily life, with a profound sense of a truly contemporary existence.

[1] https://www.theguardian.com/environment/2019/jun/05/people-eat-at-least-50000-plastic-particles-a-year-study-finds.
[2] 'Par les temps qui courent,' *France Culture*, 23 mai 2019.

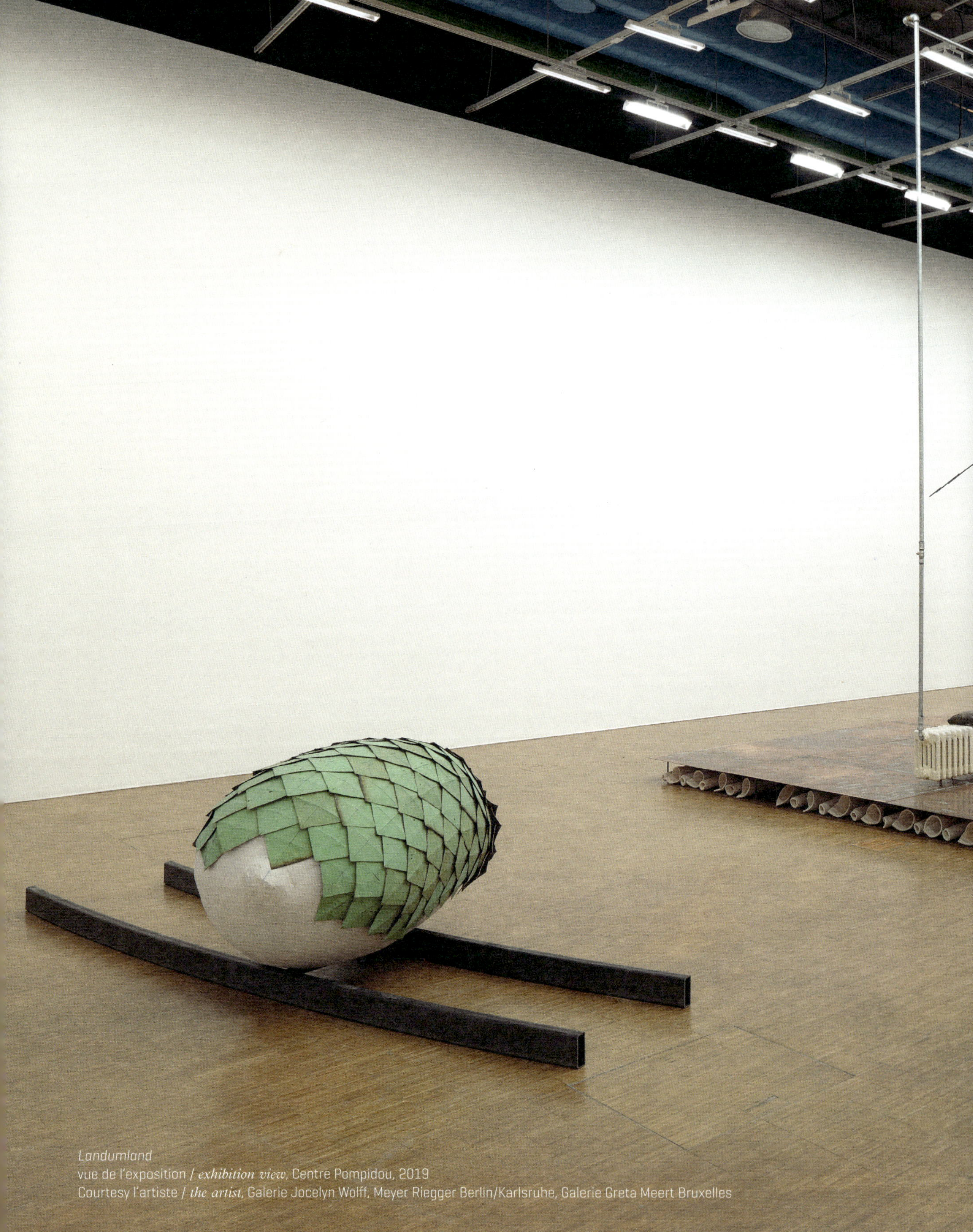

Landumland
vue de l'exposition / *exhibition view*, Centre Pompidou, 2019
Courtesy l'artiste / *the artist*, Galerie Jocelyn Wolff, Meyer Riegger Berlin/Karlsruhe, Galerie Greta Meert Bruxelles

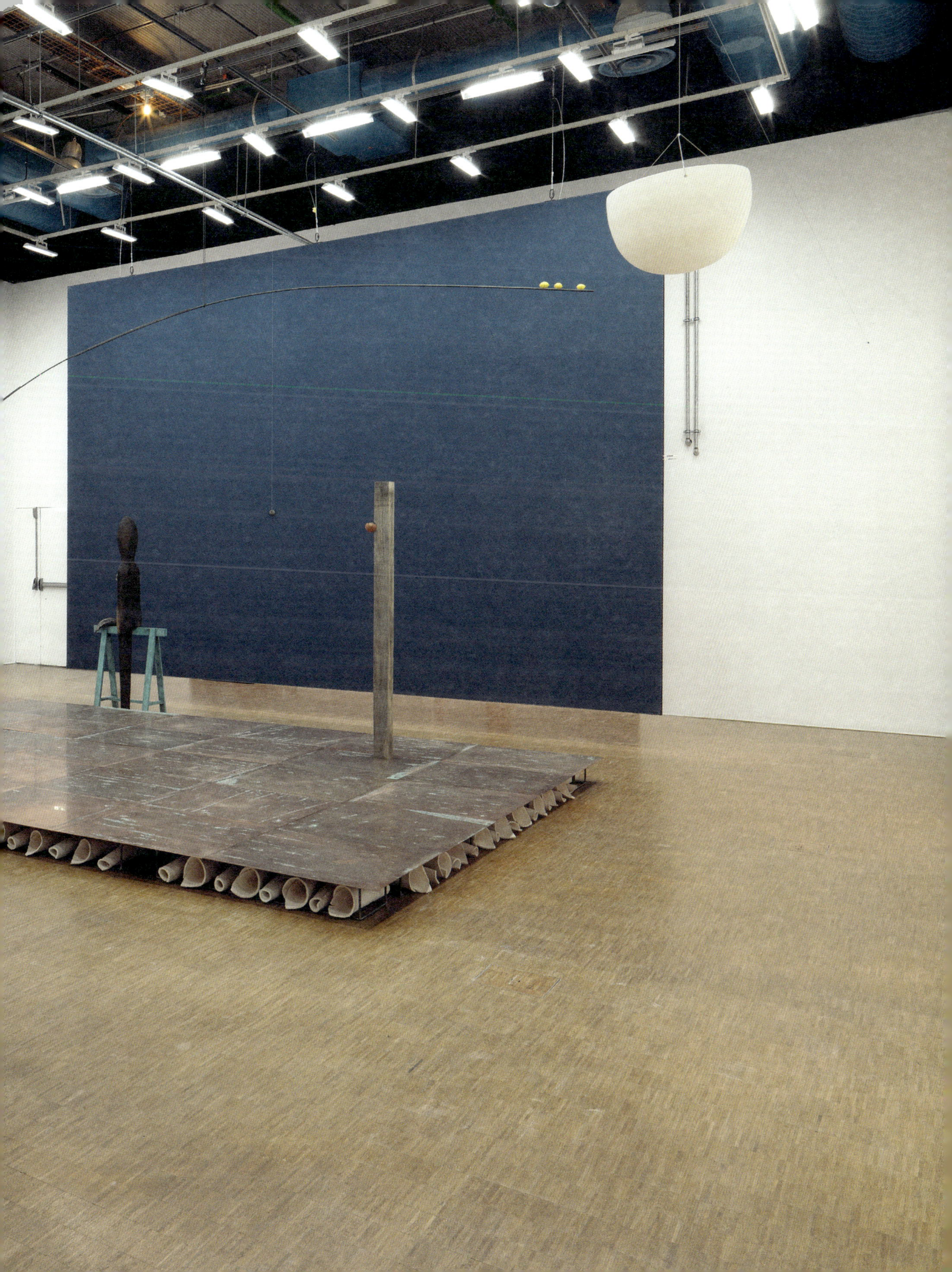

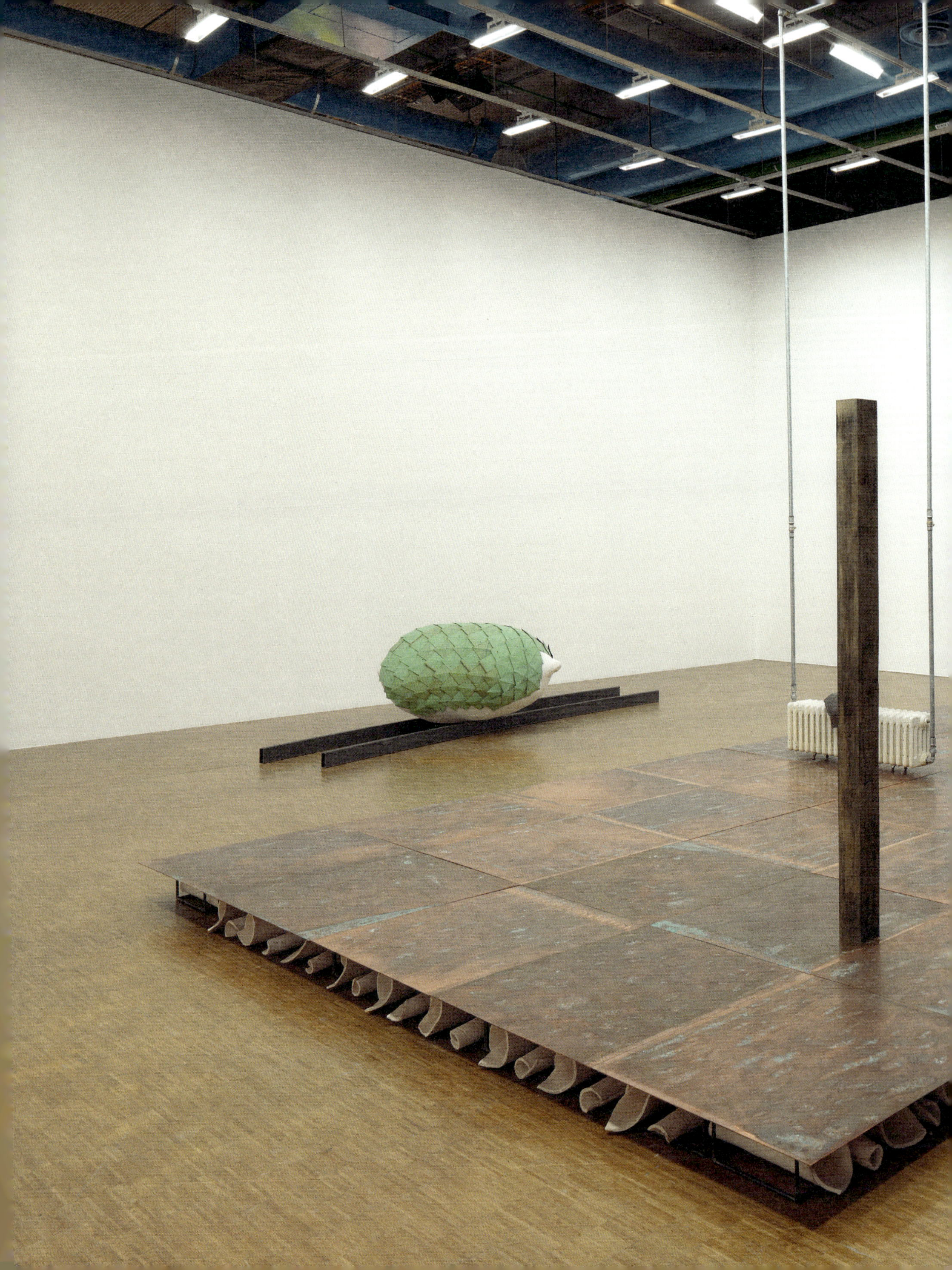

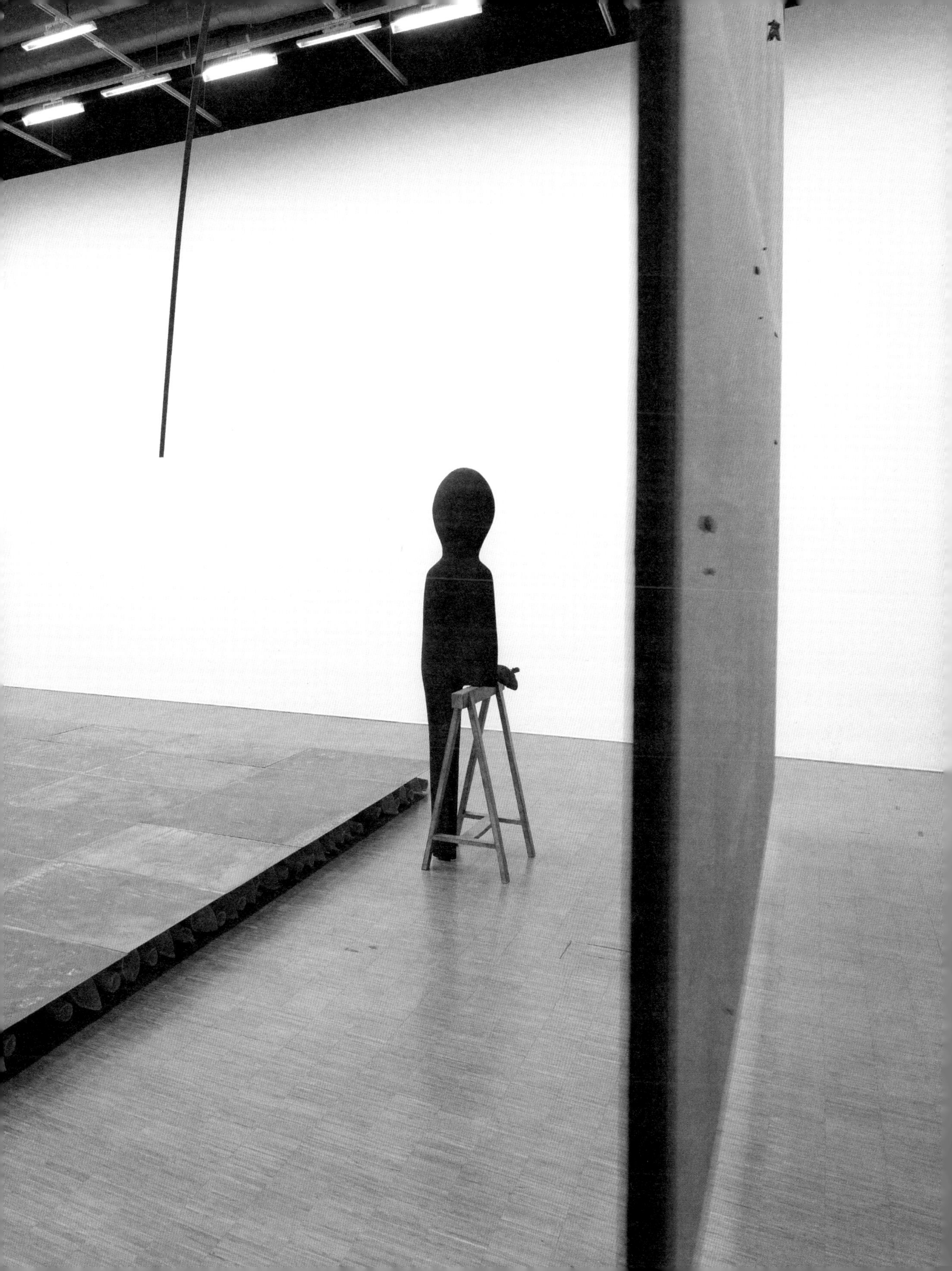

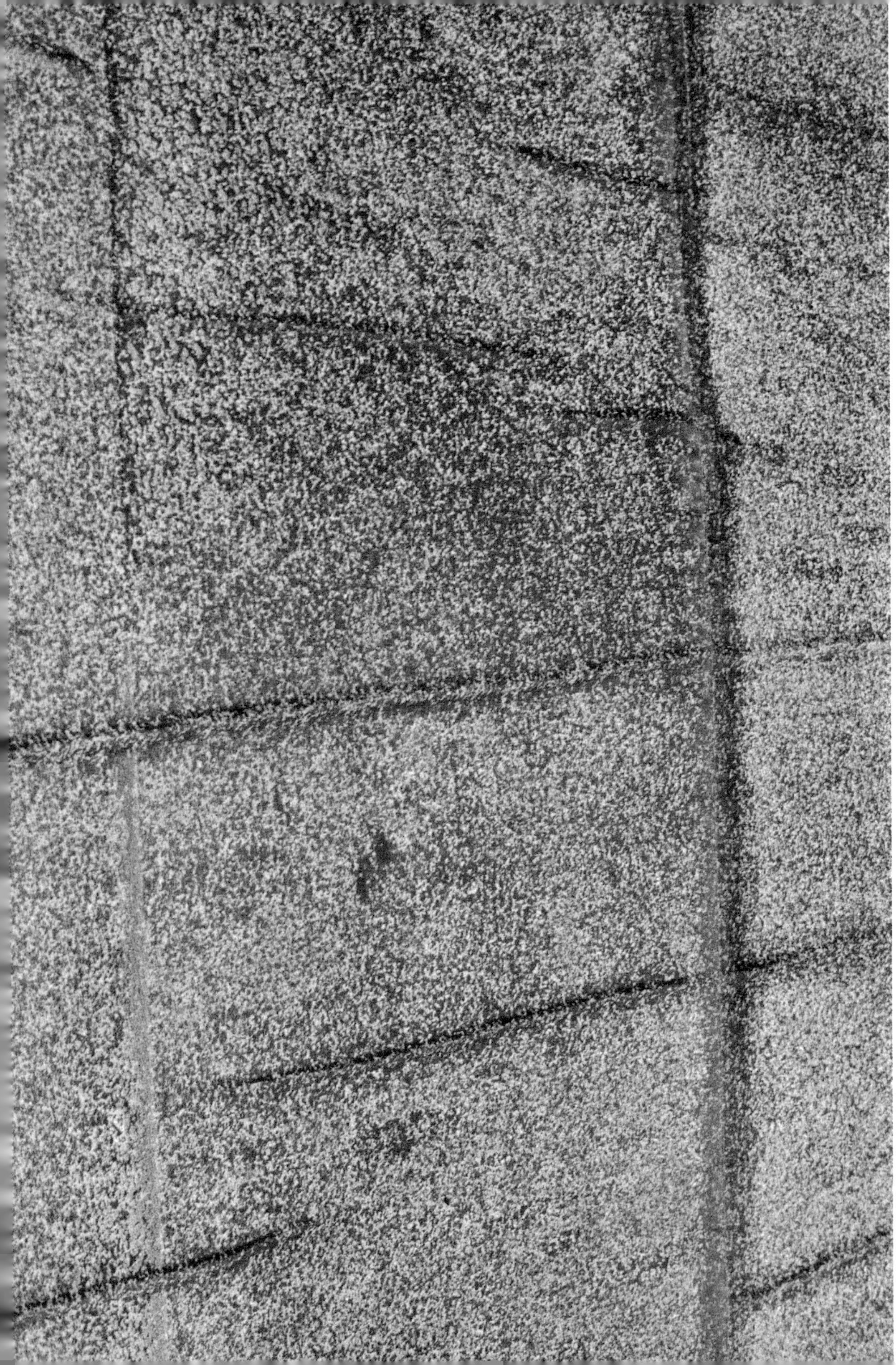

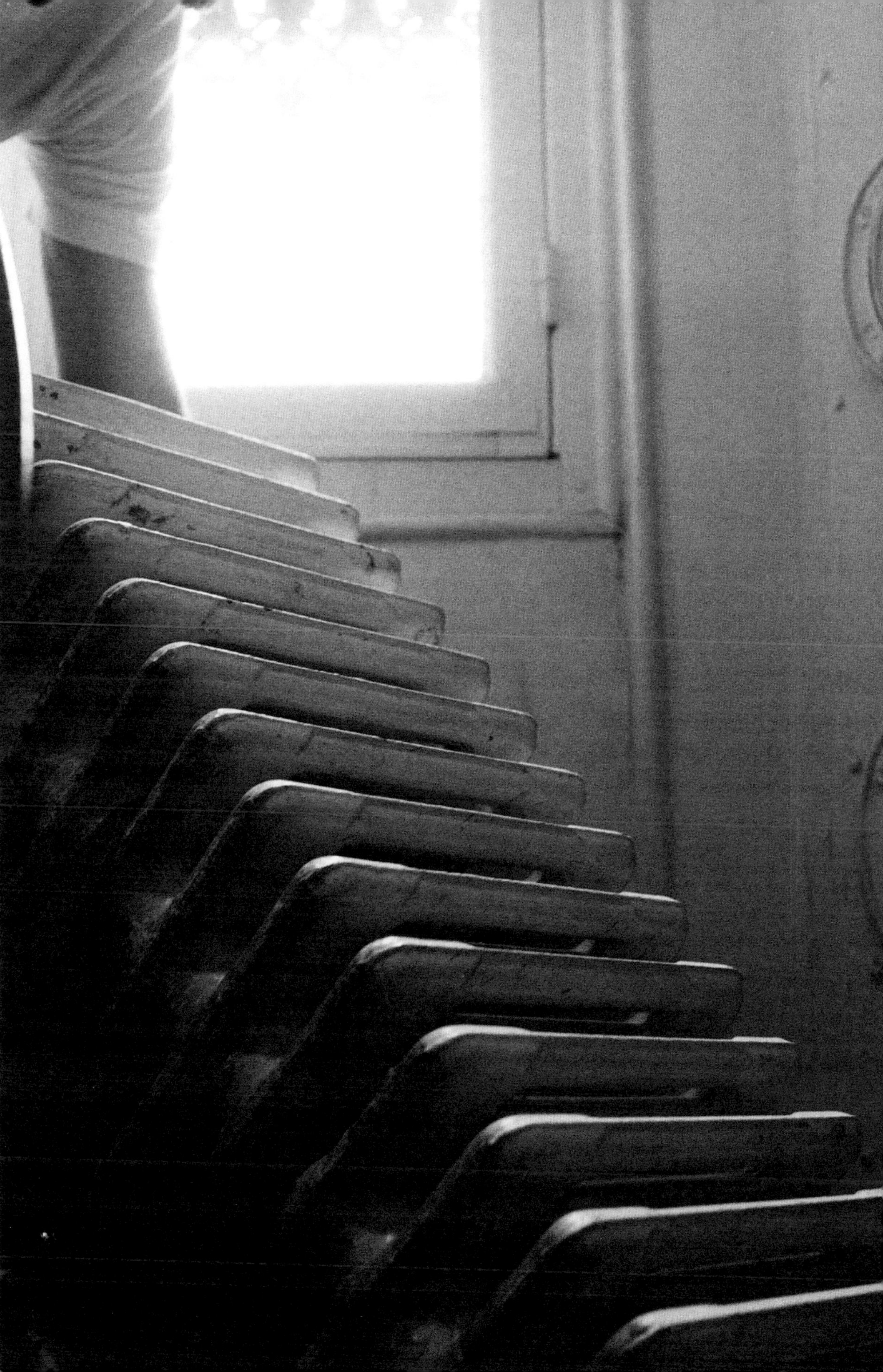

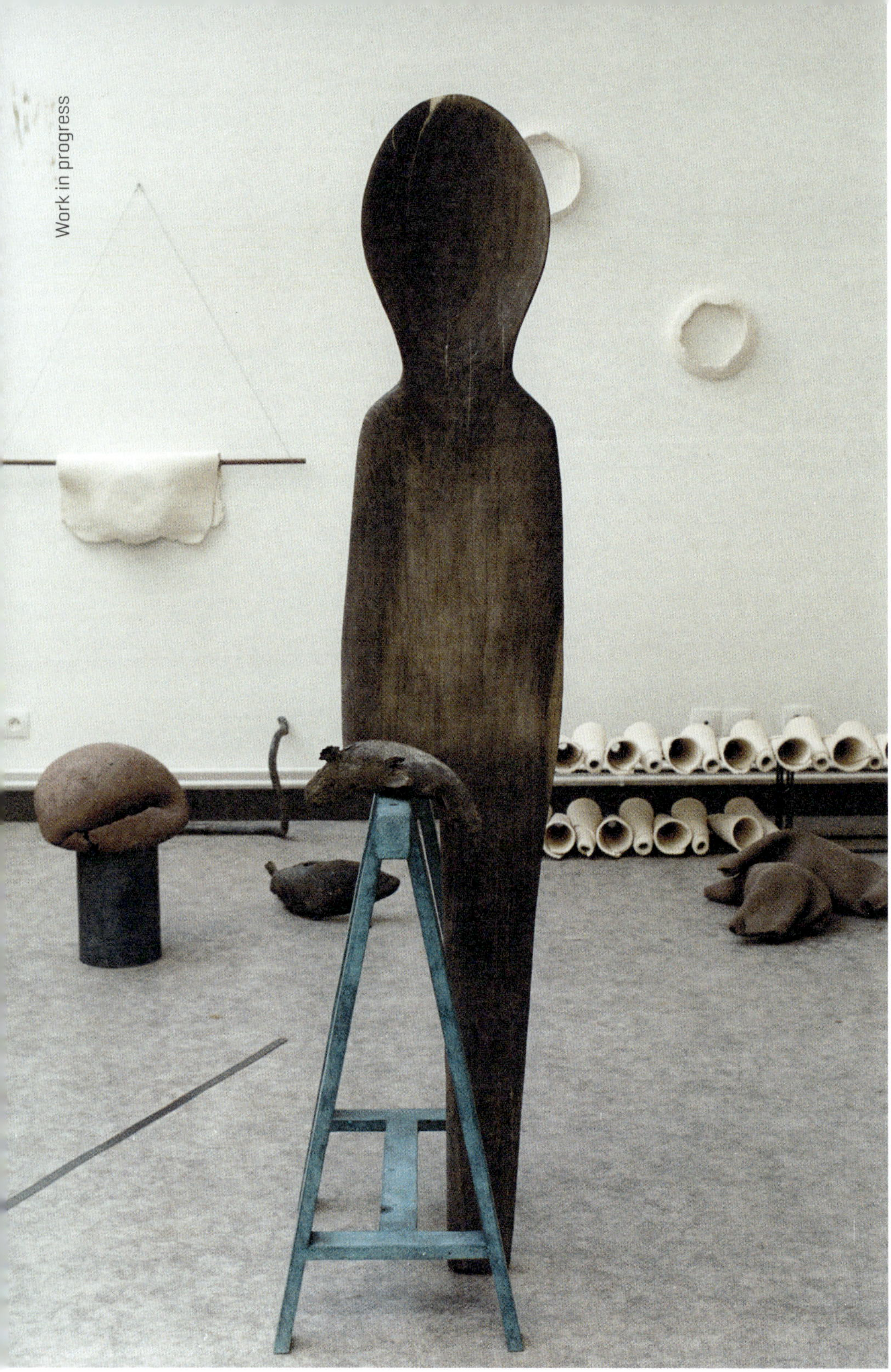

REMERCIEMENTS / *Acknowledgments* : Katrina Brown ; Jocelyn Wolff, Sandrine Djerouet, Louise Desmas, Ernesto Baronda, Chloé Philipp, galerie Jocelyn Wolff, Paris ; Jochen Meyer, Thomas Riegger, Anna Himmelsbach, Meyer Riegger, Berlin/Karlsruhe ; Greta Meert, Frédéric Mariën, Kim Rothuys, Emile Rubino, galerie Greta Meert, Brussels ; Collection Listen to your eyes, Paris ; Luke James ; Mathilde Barrio Nuevo, Thierry Richaud. Avec le soutien de la commission mécénat de / *With the support of the patronage commission of* la Fondation des Artistes pour / *for Le Grand Citron*, 2019

la Fondation
des Artistes

p. 32 : Photographie du travail en cours au / *Production still at* Centre Pompidou, Terrasse Nord, mai / *Mai* 2019, par une journée pluvieuse / *rainy day*, *For your eyes only*, T5, 2019
p. 33 : Photographie du travail en cours au / *Production still at* rue Charlot, *Warm Sculpture* (Beaubourg), 2019
p. 34 : Vue de l'atelier avec / *Studio view with Sister*, bronze, chêne / *bronze, oak*, 2019
p. 35 : Photographie du travail en cours au / *Production still at* Centre Pompidou, Terrasse Nord, juin / *June* 2019, *For your eyes only*, T5, 2019

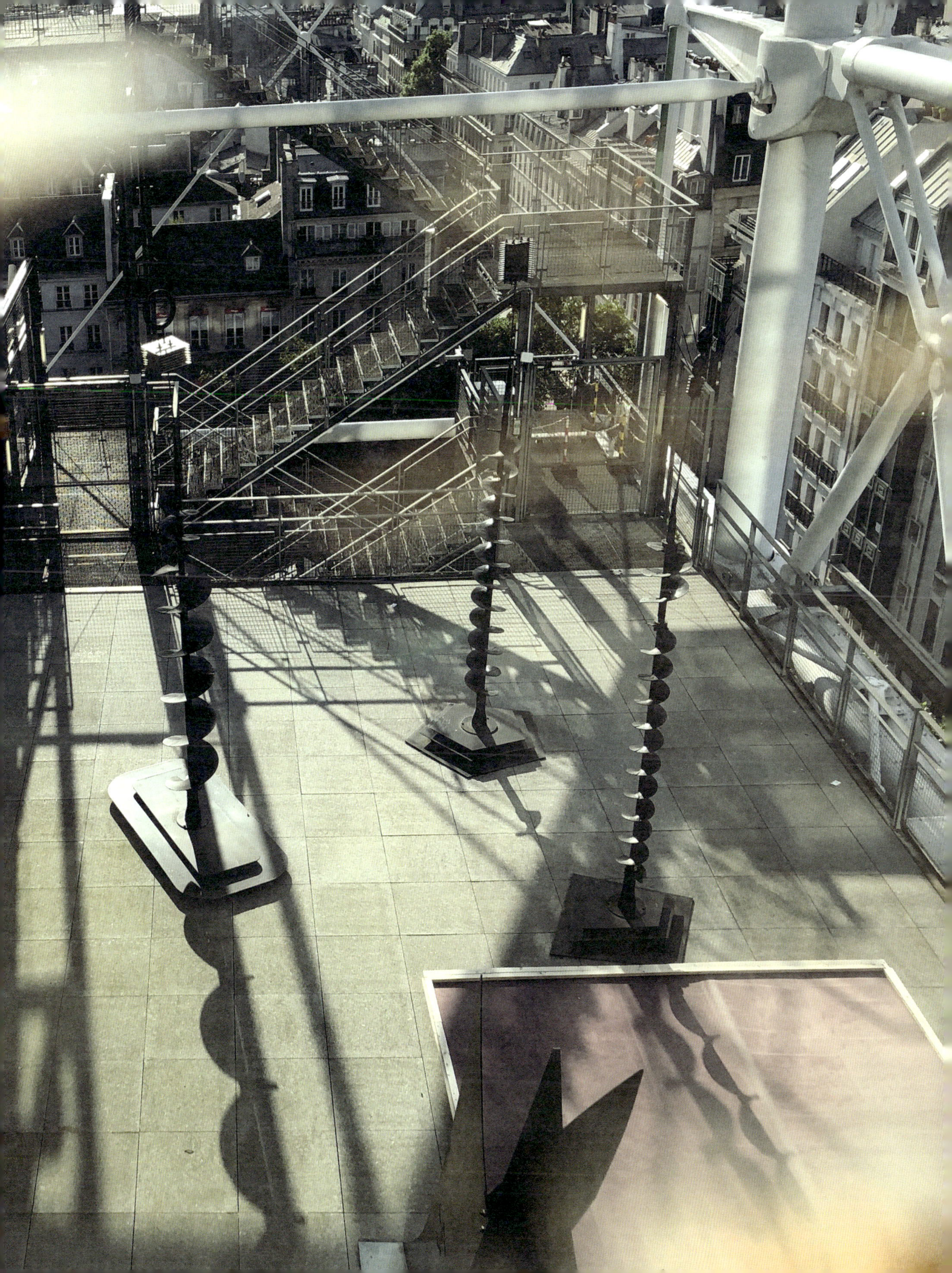

MARGUERITE HUMEAU

Alexandra Midal

High Tide

Afin d'évoquer des sujets aussi poignants que la mort, l'éternité ou l'amour et poser, tel le Petit Poucet, des indices de vie avec des larmes, du venin et des voix fantômes, à coup de sculptures, Marguerite Humeau nous convie à des voyages à parcourir les temps.

C'est à la lecture d'*Effondrement* de Jared Diamond dans lequel l'écrivain décrit, entre autres, l'impact des dommages environnementaux et climatiques sur l'effondrement des civilisations qu'elle s'est demandée s'il existait un tournant fatidique propre à l'anthropocène, une question qu'elle a déjà explorée en opérant un arrêt sur image sur des tournants décisifs où l'histoire et les espèces ont basculé de manière irréversible et embrassé un autre destin.

Face à ces questions ontologiques, Humeau rejoue et produit des moments-clefs en un seul tour de force. Pour ce faire, elle procède à la manière d'une enquêtrice : elle circonscrit les contours d'une énigme, contacte des experts et des scientifiques et soulève des hypothèses qu'elle met en scène dans des installations totales et immersives. En entremêlant différents formats de narrations, qu'ils soient scientifiques, historiques ou spéculatifs, elle revisite la célèbre théorie de l'iceberg ciselée par Ernest Hemingway : elle fait disparaître les sommes de ses recherches qui, une fois invisibles, laissent émerger à la surface des œuvres.

Quand vous entrez dans l'exposition, vous découvrez un groupe de sculptures réalisées pour le Prix Marcel Duchamp. Il s'agit de créatures sous-marines qui s'exondent. Trois cétacés exposent leur peau semi-translucide – un matériau imitant le derme constitué d'une multitude de couches de résine translucides légèrement colorées spécialement conçues pour l'exposition – qui laisse affleurer les veines à la surface.

Les créatures oscillent entre la vie et la mort. Tristes baudruches de déchets plastiques échoués, leur peau réfléchit cet état.

High Tide

In order to confront topics as poignant as death, eternity, and love, Marguerite Humeau lays down a path of living clues leading perhaps to survival. While Charles Perrault's fairy tale character *Little Poucet* left strings of stones and breadcrumbs, Humeau sows tears, venom, and ghostly voices, inviting us to embark upon a journey through time, her sculptures as guides.

Having read Jared Diamond's 2005 book *Collapse: How Societies Choose to Fail or Survive*, which explores the effect of environmental changes and climate change on the collapse of civilisations, the artist began to wonder: is there a fatal turning point for the anthropocene? Humeau has previously researched this idea in works where she focuses on specific decisive moments or events that have lead to both history and species changing drastically, taking an unexpected and irreversible path.

Key moments in time are masterfully replayed and reenacted by the artist in a bid to confront the ontological questions that intrigue her. Using methods similar to those of a detective, Humeau draws the outlines of an enigma: she contacts experts and scientists and begins to make assumptions which are then staged as all-embracing, immersive installations. Marguerite Humeau is clearly no stranger to Ernest Hemingway's theory of omission or "Iceberg Theory"; while weaving together diverse narrative devices, be they scientific, historical, or speculative, she never evinces the facts at hand outright, but rather allows a deeper meaning to shine through implicitly and crystallize as artworks.

The sculptures you encounter upon entering the exhibition space were conceived for the 2019 Marcel Duchamp Prize. They are underwater creatures that have come to the surface for air. Three cetaceans reveal their semi-translucent skin: layer upon layer of lightly coloured, opaline resin specially designed for the exhibition imitate the whale's hide, delicately allowing veins to shine through.

These creatures are suspended between life and death, their skin is in a sorry state and their sad, ballooning carcasses are filled with plastic refuse. Their chests rise slightly with each breath, marked by an acute suffocation caused by the particles of pollution contained in the air being pumped down from filter systems placed on the roof of the Centre Pompidou. Little by little, their syncopated gasps synchronize, leading the spectator to concentrate on the water-filled dish which hangs from the ceiling. An elaborate ritual is underway: the dish

Leur poitrine se soulève légèrement à chacune de leur inspiration : elle dissimule à peine une légère suffocation due à l'aspiration par leur poumon des particules de pollution et de l'air récoltées via les systèmes d'aération placés sur le toit du Centre Pompidou. Peu à peu, le rythme syncopé des corps s'harmonise. Il laisse place à un rituel élaboré qui associe l'observation du disque rempli d'eau suspendu au plafond, en écho à la lune, se mouvant en fonction des données de la force gravitationnelle exercée sur Terre à cet endroit précis du musée, à l'écoute des voix d'un animal sous-marin. Cet occupant invisible des murs se déplace furtivement en mettant en garde les visiteurs de l'arrivée d'un possible déluge, tandis qu'en parfaite synchronisation avec la lune les trois danseurs entrent en transe et offrent une sérénade à la lune.

High Tide repose sur les observations réalisées au cours des dernières années par nombre d'éthologues qui ont noté des modifications importantes de comportement chez certaines espèces animales. Ils ont étudié des pratiques inédites qui relèvent d'une expression spirituelle qu'ils ont qualifié de proto-religion. Ces rituels ont augmenté soudainement pour prendre la forme de danses sacrées réalisées collectivement, de l'érection de petites architectures... Surtout, ils témoignent des tentatives d'entrer en synchronie avec les corps célestes, à l'instar du « culte de la lune », un cérémonial apparemment religieux pratiqué par les éléphants. L'hypothèse proposée par la communauté scientifique repose sur le constat d'une causalité entre le réchauffement climatique et l'émergence d'une prise de conscience par certains animaux de leur propre finitude, et de celle du monde.

Humeau opère un *re-enactement* délié du continuum temporel. *High Tide* prend place à l'instant où l'extinction de masse des espèces est si avancée et inéluctable que des animaux commencent à développer des rites de transcendance, de dépassement de soi et d'expériences mystiques leur permettant de s'étendre au-delà de leur limite psychique et corporelle. Elle décrit cet état qui trouve à « s'exprimer par la création de croyances ; un sentiment éprouvé au contact d'autres êtres vivants, l'expérience ressentie de l'environnement, ou bien d'une puissance supérieure ; et toutes procèdent par une dissolution de soi dans une expérience de complétude ».

On peut lire ce dernier projet comme un développement du travail de l'artiste se démarquant idéologiquement de ses productions précédentes. Pour la première fois, elle délaisse le jeu des individus isolés, héros malgré eux et chaînons manquants de l'évolution des espèces, au profit de la puissance d'une organisation collective. Moins mélancolique peut-être que ses œuvres précédentes, *High Tide* ouvre à une forme d'espoir conditionné par la puissance du groupe qui transcende sa disparition annoncée en forgeant une spiritualité, ultime stratégie de résistance.

mimics the Moon, moving according to data received containing the Moon's exact gravitational force upon Earth at this precise spot. All the while, an underwater creature's voice echoes this movement. Slinking through the space, this invisible presence warns visitors of an imminent flood as – in perfect time with the celestial body – the three cetacean dancers go into a trance, and chant a lunar serenade.

In recent years, many ethologists have pointed out significant behavioural changes in certain species of animals. Studies have revealed unseen habits which could be considered an expression of something spiritual, and what experts call a "proto-religion." Such rituals seem to have suddenly become more and more common, evolving not only into sacred dances performed in groups but also being expressed via the building of small architectural forms. Most importantly, these rites provide evidence that creatures are attempting to harmonize with celestial bodies: take for example "Moon Worship," an apparently religious practice in which elephants engage. The theories championed by scientists hinge upon the idea of a direct correlation between global warming and the animals' realisation of the fact that both they and the world they inhibit are finite.

While taking these scientific hypotheses into account, Humeau stages a *re-enactment* that lies outside of forward-flowing time. *High Tide* unfolds in an era when the mass extinction of certain species is so severe and inevitable that living creatures have begun to develop rites of self-transcendence; mystical experiences that allow them to escape their physical, bodily limits.

The artist describes a condition wherein lifeforms "use the creation of beliefs to communicate; a sentiment aroused by being in contact with other living beings, a physical experience of the environment or a superior force; all achieved by allowing the self to dissolve into a form of completeness."

This latest project is a development, yet it differs ideologically from Marguerite Humeau's previous works. Here, for the first time, she has forsaken the lone individual, the unassuming hero or the missing links in the story of evolution in order to shine a light upon the power of the community. Perhaps less melancholic than her previous works, *High Tide* offers a glimmer of hope: the collective's ability to transcend its heralded extinction by forging its own spiritual pathway to another world. In other words: the ultimate means of resistance.

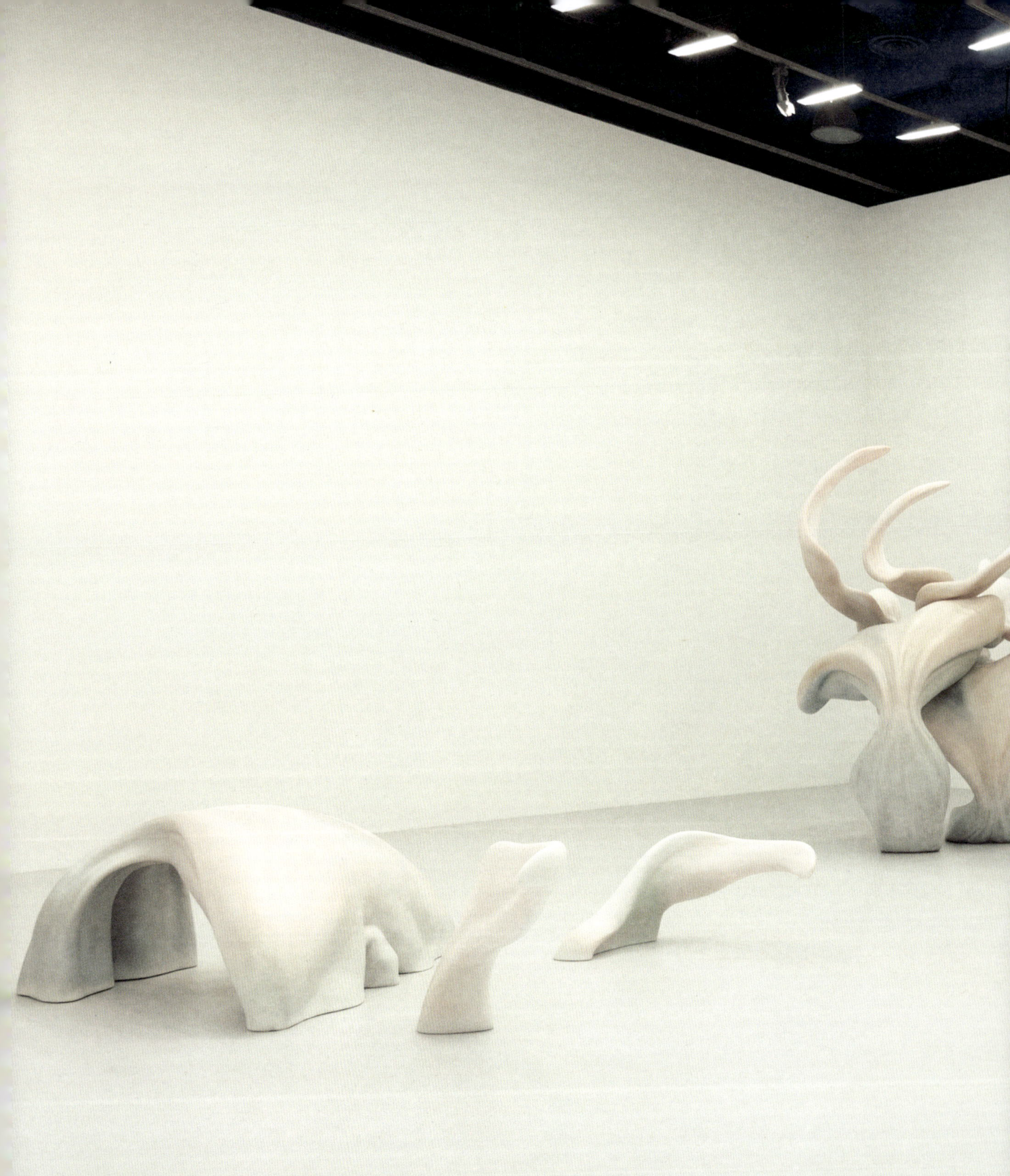

High Tide (The Dancer I, The Dancer II, The Dancer III & IV),
vue de l'exposition / *exhibition view*, Centre Pompidou, 2019
Courtesy l'artiste / *the artist*, C L E A R I N G New York / Bruxelles

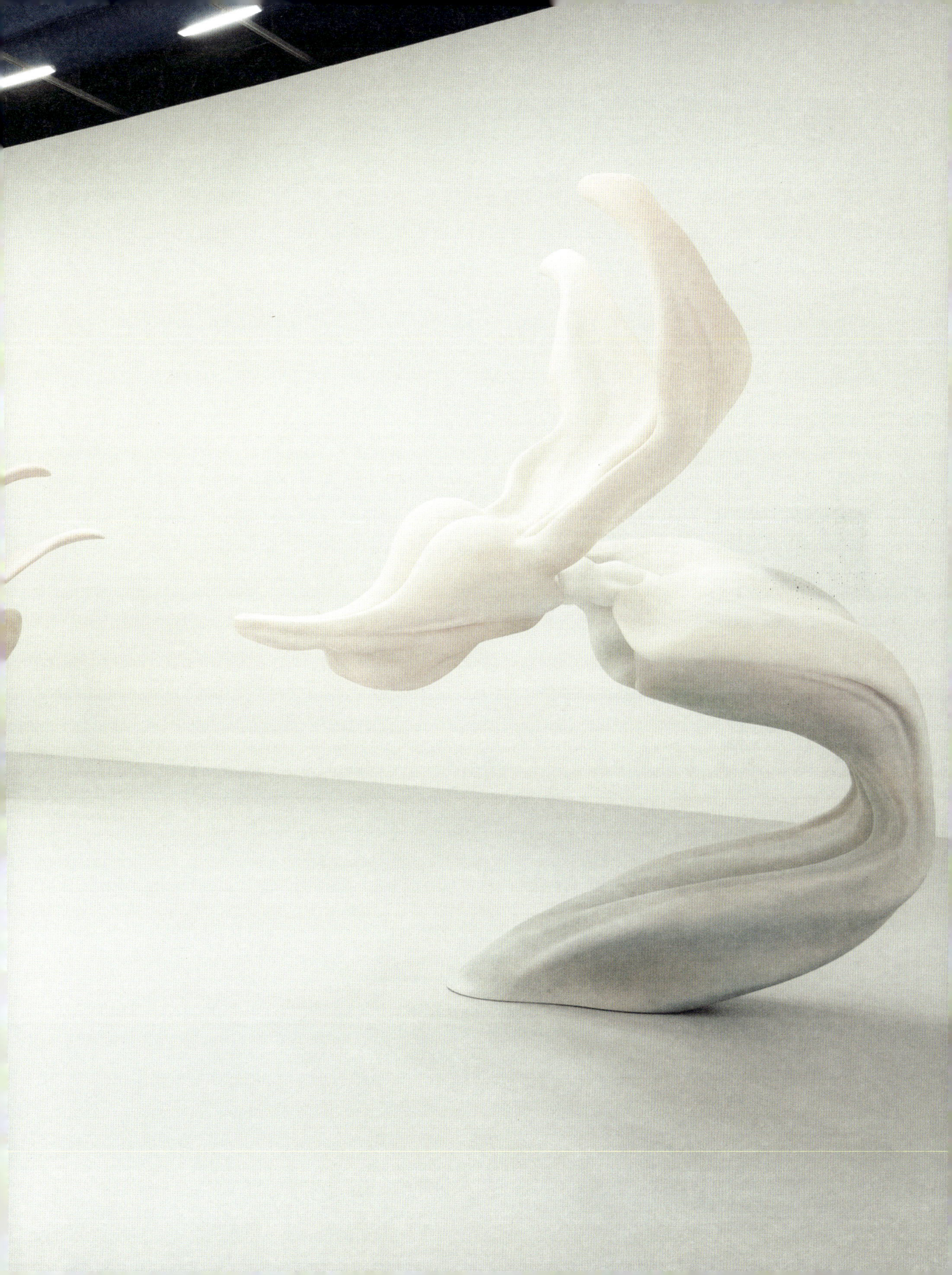

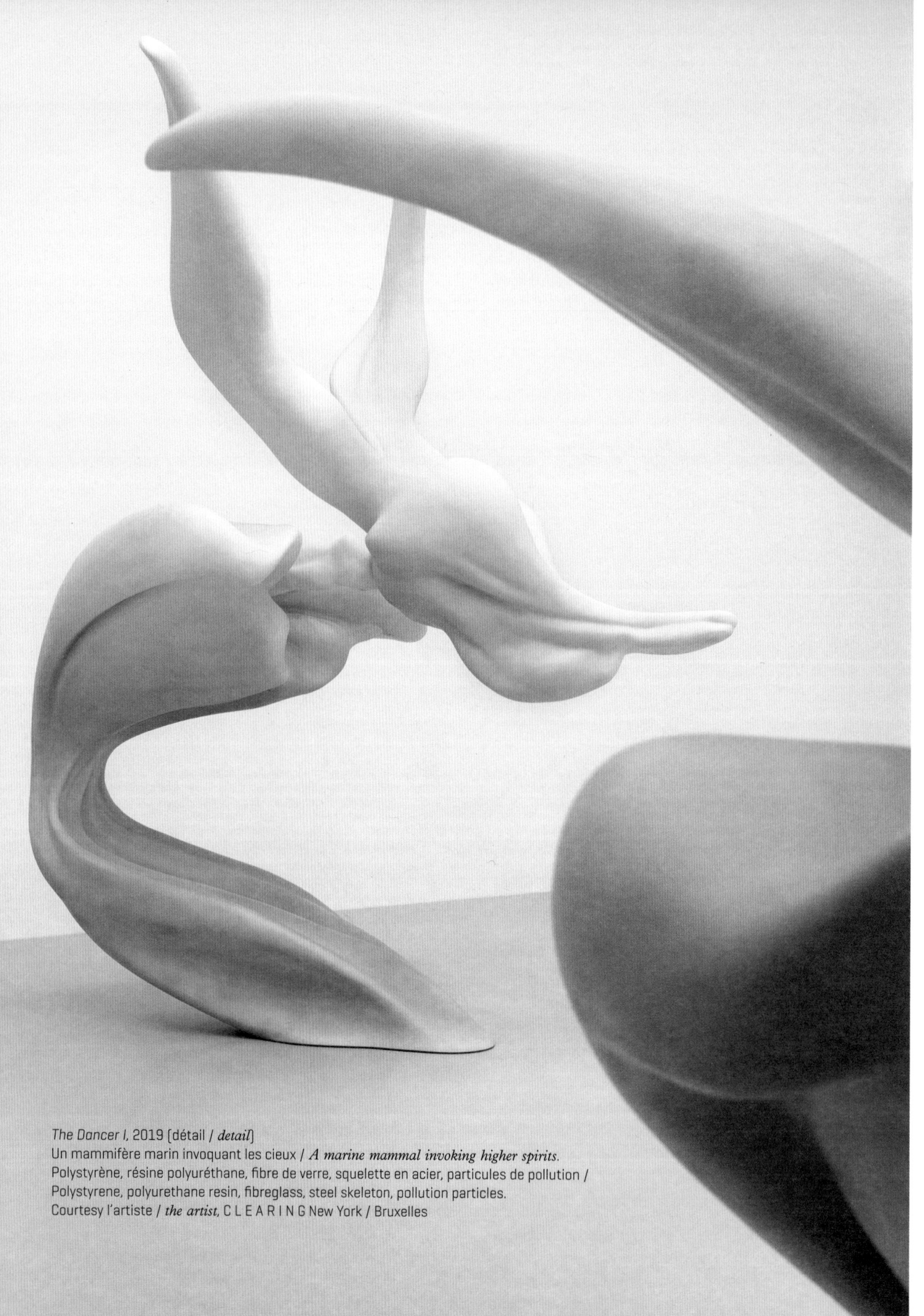

The Dancer I, 2019 (détail / *detail*)
Un mammifère marin invoquant les cieux / *A marine mammal invoking higher spirits.*
Polystyrène, résine polyuréthane, fibre de verre, squelette en acier, particules de pollution /
Polystyrene, polyurethane resin, fibreglass, steel skeleton, pollution particles.
Courtesy l'artiste / *the artist*, C L E A R I N G New York / Bruxelles

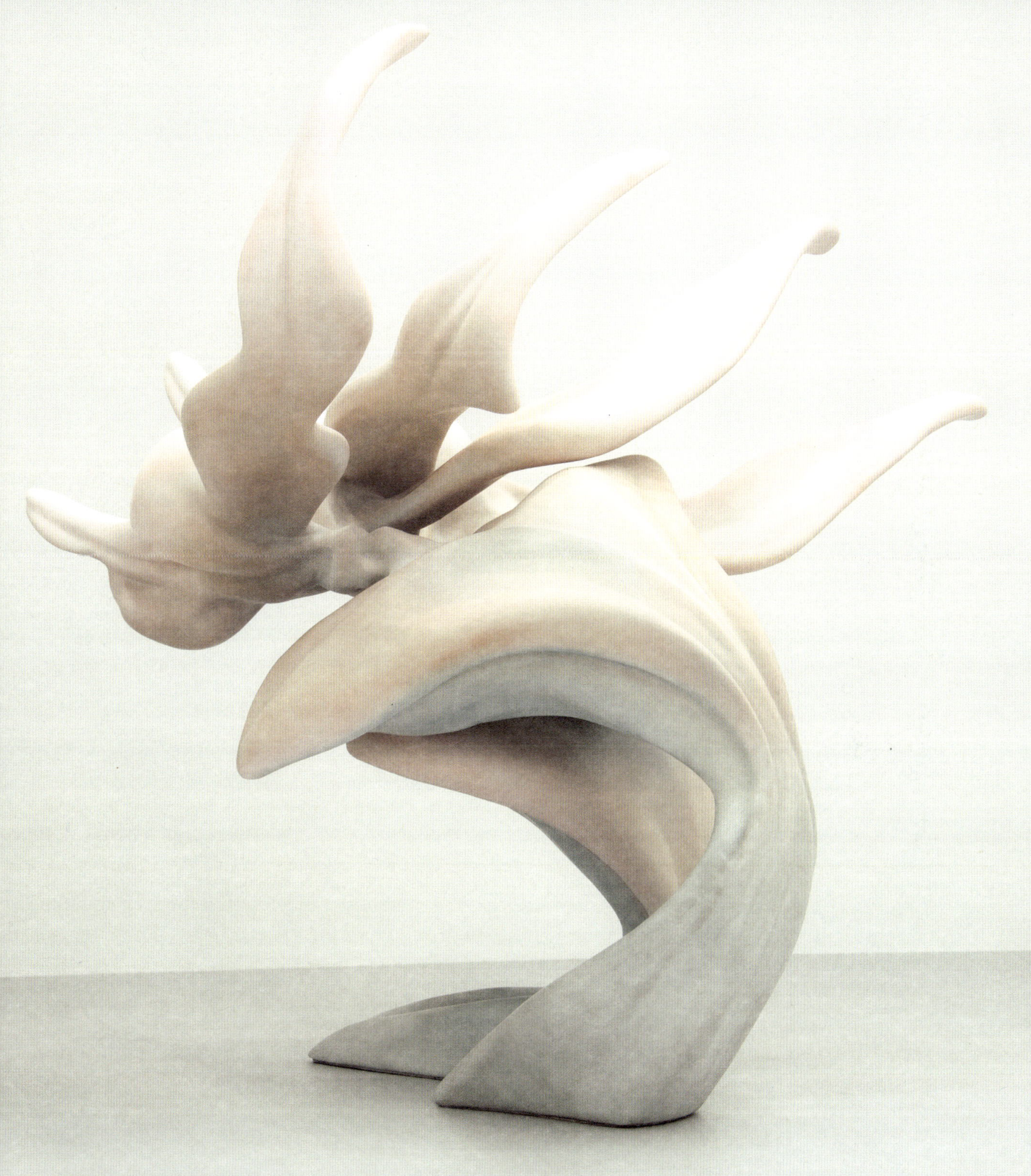

The Dancers III & IV, 2019 (détail / ***detail***)
Deux mammifères marins invoquant les cieux / ***Two marine mammals invoking higher spirits.***
Polystyrène, résine polyuréthane, fibre de verre, squelette en acier, particules de pollution /
Polystyrene, polyurethane resin, fibreglass, steel skeleton, pollution particles.
Courtesy l'artiste / ***the artist***, C L E A R I N G New York / Bruxelles

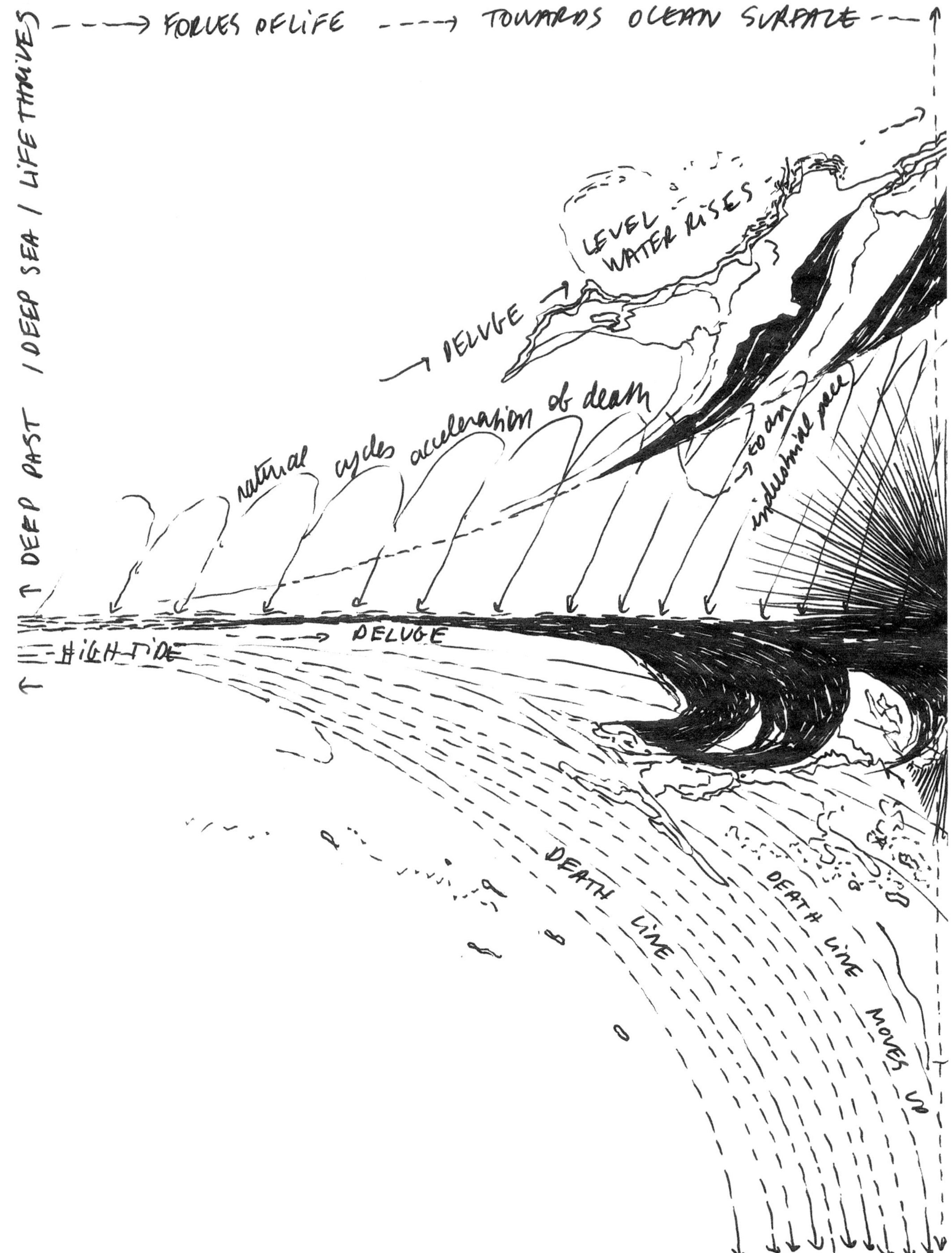
FORCES OF LIFE
TOWARDS OCEAN SURFACE
DEEP PAST / DEEP SEA / LIFE THRIVES
LEVEL WATER RISES
DELUGE
natural cycles acceleration of death
to an industrial pace
DELUGE
HIGH TIDE
DEATH LINE
DEATH LINE MOVES UP

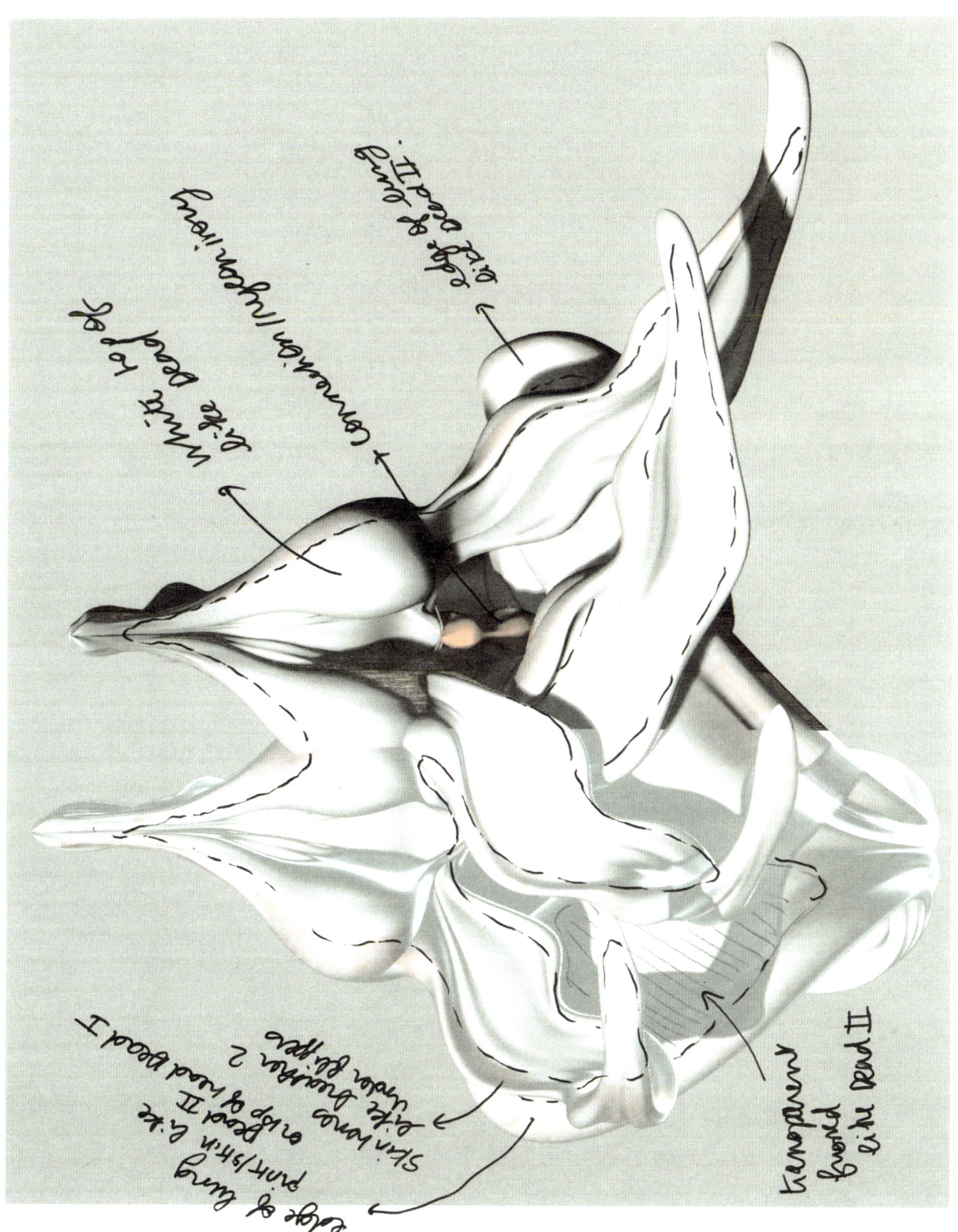

p. 42 : *High Tide (part I)*, document de travail, encre sur papier / *work in progress, ink on paper*, 2019
p. 43 : *The Dancers*, document de travail, encre et impression sur papier / *work in progress, ink and printed image on paper*, 2019

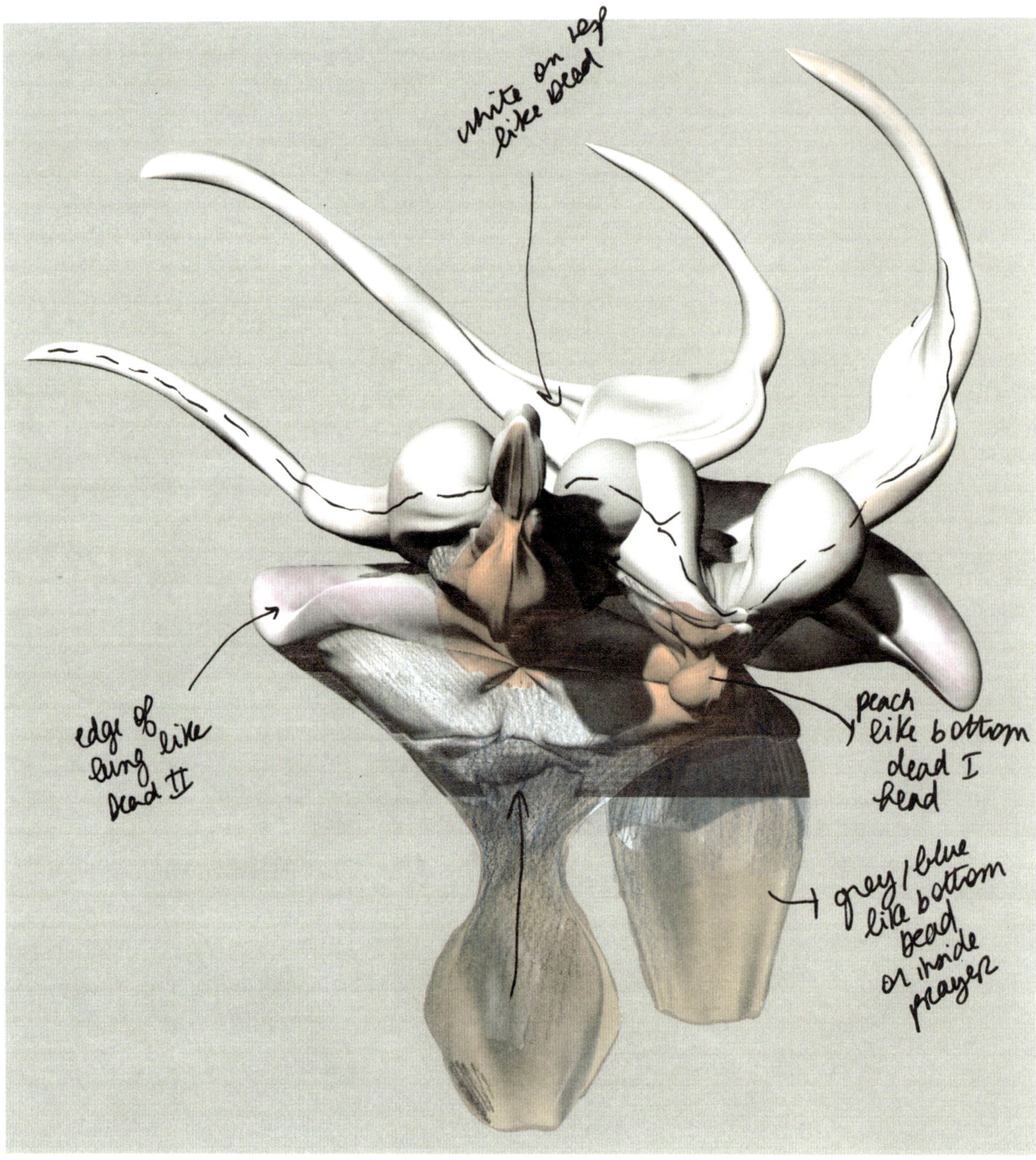

High Tide est un projet de / *is a project by* Marguerite Humeau
Scénographie / *Scenography* : Juliette Rambaud pour le / for Studio Marguerite Humeau
Composition et mixage sonore / *Composition and sound mixing* : Lény Bernay
Design sonore et synthèse de voix / *Sound design and speech synthesis* : Pierre Lanchantin
Développement des systèmes électroniques et de respiration / *Electronic and respiratory system development* : Nick Williamson
Modélisation 3D / *3D modelling* : Alejandro Medina
Orchestration des systèmes / *Systems orchestration* : Johan Lescure
Remerciements spéciaux / *Special thanks* : C L E A R I N G New York / Bruxelles

p. 44 : *The Dancers*, document de travail, encre et impression sur papier / *work in progress, ink and printed image on paper*, 2019
p. 45 : *High Tide (part II)*, document de travail, encre sur papier / *work in progress, ink on paper*, 2019

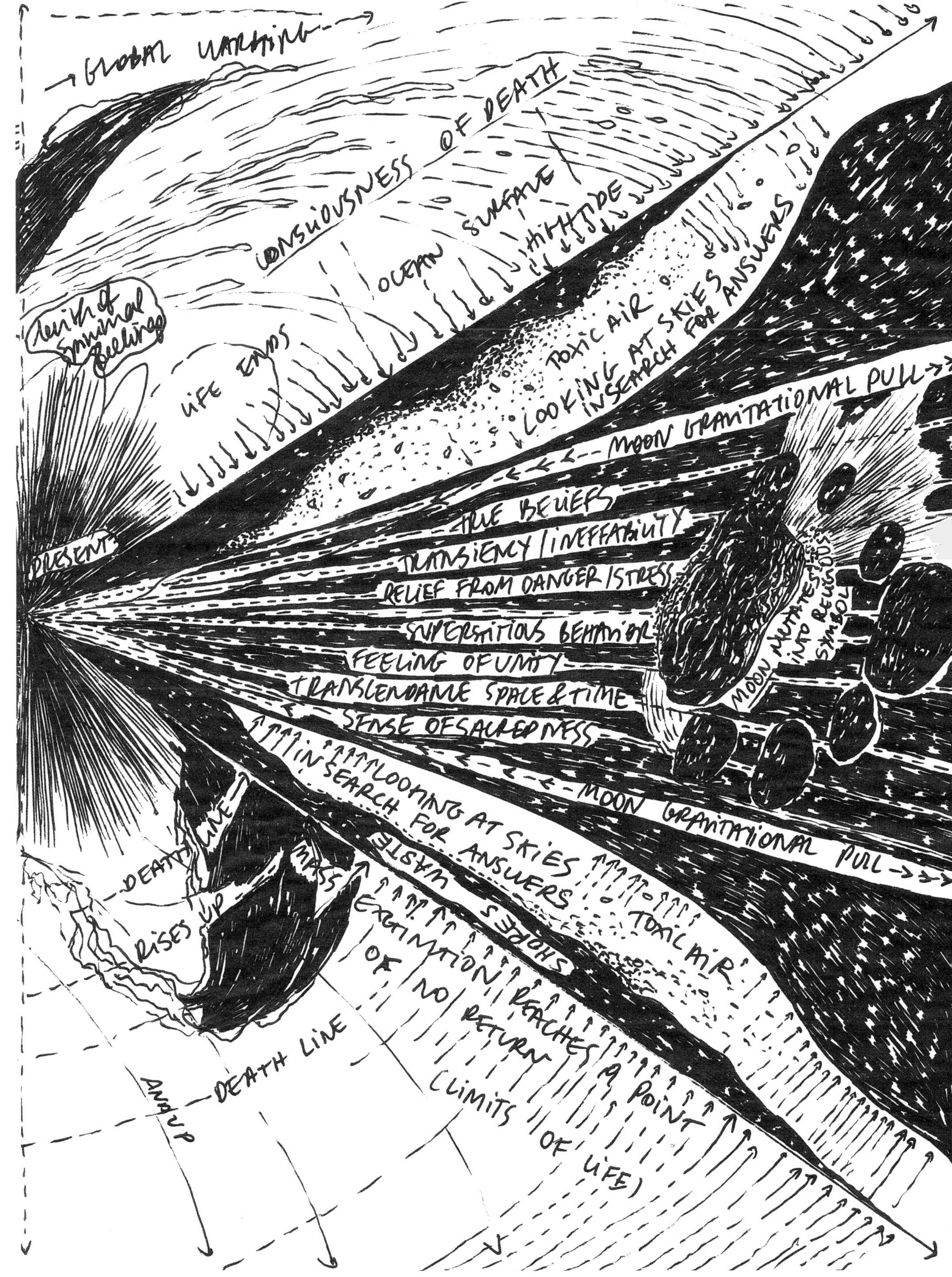
GLOBAL WARMING
CONSCIOUSNESS OF DEATH
OCEAN SURFACE
HIGH TIDE
OCEAN
LIFE ENDS
TOXIC AIR
LOOKING AT SKIES
IN SEARCH FOR ANSWERS
MOON GRAVITATIONAL PULL
PRESENT
TRUE BELIEFS
TRANSIENCY / INEFFABILITY
RELIEF FROM DANGER / STRESS
SUPERSTITIOUS BEHAVIOR
FEELING OF UNITY
TRANSCENDANCE SPACE & TIME
SENSE OF SACREDNESS
MOON MUTATES INTO RELIGIOUS SYMBOL
LOOKING AT SKIES
IN SEARCH FOR ANSWERS
MOON GRAVITATIONAL PULL
TOXIC AIR
DEATH LINE
RISES UP
MASS
WASTE
EXTINCTION REACHES A POINT
OF NO RETURN
DEATH LINE
(LIMITS OF LIFE)

IDA TURSIC & WILFRIED MILLE

Bernard Marcadé

Les propositions inqualifiables d'I.T. et W.M.

Before Becoming a Poodle, a Duck, or Something Else : une installation qui contient des femmes nues, des chiens, des canards, des paysages, des cubes, des taches... Comment *qualifier* autrement la proposition d'Ida Tursic et Wilfried Mille pour le Prix Marcel Duchamp que par cette énumération. Car ce que les deux artistes proposent pour cette dix-neuvième édition est justement *inqualifiable*. Il est vrai que la conduite artistique d'Ida et de Wilfried est, depuis le départ de leur aventure commune – dès les années 2000 –, tout sauf convenable. Leur art, qui fait fi de toute notion de style et de goût, est un *art d'emprunt*, dans une lignée qui va de Picabia à Polke en passant par Kippenberger. Ils savent combien l'idée d'original est douteuse, puisant allégrement dans la banque de données quasi intarissable que constitue le net. On peut à cet égard évoquer les « copillages » de Francis Picabia directement inspirés par les magazines de charme des années 1930-1940 qui, au travers de la peinture, exhibaient une dimension érotique – voire grivoise – à peine esquissée dans les photographies d'origine. À l'inverse, les peintures « dégoulinantes » réalisées par Ida et Wilfried entre 2001 et 2004 à partir de leur collection d'images porno dépassent la question de la pornographie pour mettre en jeu, avec une ironie jubilatoire, ce qui est au cœur du processus pictural, à savoir que la peinture est aussi, simplement, une affaire de jets, de coulures et d'éclaboussures. À l'instar de *La Grande Éjac à la mouette* qui pose drolatiquement la question de savoir qu'il est difficile de déterminer ce qui différencie, figurativement, une éjaculation faciale d'une fiente d'oiseau reçue par accident sur le visage.

Les cinq pièces réalisées pour le Prix Marcel Duchamp sont traversées de multiples clins d'œil et références à l'histoire de l'art. Ainsi, *If Rothko Was a Carpenter, à partir d'un souvenir lointain d'une*

I.T. and W.M.'s Indescribable Proposals

Before Becoming a Poodle, a Duck, or Something Else, an installation comprising naked women, dogs, ducks, landscapes and stains... how to *describe* Ida Tursic and Wilfried Mille's proposal for the Marcel Duchamp Prize in any other way than enumerating its elements? For what the two artists propose for this nineteenth edition is precisely *indescribable*. It is true that ever since the beginning of their common adventure in the early 2000s Ida and Wilfried's artistic attitude has been anything but appropriate. Their art, which doesn't care for any notion of style and taste, is an art of borrowing in a lineage that goes from Picabia to Polke *via* Kippenberger. They know how dubious the idea of originality is, and draw freely from the inexhaustible database that constitutes the internet. In this sense one may mention Francis Picabia's "copylootings," directly inspired by 1930s or 1940s pin-up magazines which through painting exposed an erotic or even saucy dimension that was barely sketched out in the original photographs. On the contrary, the "drippy" paintings made by Ida and Wilfried between 2001 and 2004 from their collection of porn images move beyond the issue of pornography to bring into play, with an exhilarating irony, what is at the heart of the pictorial process, meaning that painting is also simply a matter of drizzles, spills and splashes. As with *La Grande Éjac à la mouette* (The great jizz with seagull), which drolly asks the question of how difficult it is to figuratively differentiate between a facial ejaculation and a bird dropping accidentally landing on the face.

The five pieces made for the Marcel Duchamp Prize are cross-referenced with nods and allusions to art history. Hence *If Rothko Was a Carpenter, à partir d'un souvenir lointain d'une peinture de Malevitch, sans verifications préalables, accompagné de son bichon* (If Rothko was a carpenter, from a faraway memory of a Malevich painting, without prior checking, accompanied with its Bichon): the title bears in itself the key to the artwork's development. For it is a large, approximate cross (Malevich's crosses are not geometrically perfect), made from a painting of a fire and a cutout panel from the studio, in front of which is silhouetted a painting of a small white

peinture de Malevitch, sans vérifications préalables, accompagné de son bichon : le titre porte en lui-même la clé de l'élaboration de la pièce. Car il s'agit d'une grande croix approximative [les croix de Malevitch ne sont pas géométriquement parfaites] constituée de la peinture d'un incendie et d'un panneau de l'atelier découpé, devant laquelle se profile la peinture d'un petit chien barbet blanc, elle aussi découpée. Manière de mixer la grande tradition abstraite [de Malevitch à Rothko] avec l'artisanat christique [avant de porter sa croix, Jésus était charpentier] et la trivialité domestique [le bichon].

Jeune fille pleurant son canard : cette pièce est une reprise du fameux tableau de Jean-Baptiste Greuze, *Jeune fille pleurant son oiseau mort* [1765]. À ceci près que le duo a substitué un canard jaune à l'oiseau, clin d'œil manifeste au « canard inquiétant » qu'Asger Jorn a peint en 1959 sur un paysage trouvé au marché aux puces, de sa série des *Modifications*, lui-même directement relié au conte du « vilain petit canard » de son compatriote Hans Christian Andersen. Ida et Wilfried aiment à rappeler que Daniel Arasse qualifiait le peintre de Tournus de « David Hamilton du XVIIIe siècle ». Dans cet esprit, il leur plaît de faire cohabiter une peinture réputée mièvre et sentimentale avec le geste iconoclaste et dérisoire du cofondateur de l'Internationale Situationniste. Façon d'ironiser sur certaines tendances moralisantes et moralisatrices de l'art dit contemporain.

On retrouve ce canard dans la sculpture qui trône au milieu de l'espace [*Quelques canards et quelques cubes rouges surfant ensemble sur deux vagues distinctes mais en parfaite synchronisation*]. Le duo considère cette pièce comme un élément parasite, naviguant entre l'art cinétique et le jeu d'enfant.

La pièce qui reprend le titre d'une peinture de Kippenberger réalisée en 1983 [*Huit ou neuf peintures pour réfléchir si l'on peut continuer ainsi*] est une manière de condensé programmatique de l'exposition. Elle se compose de trois taches, d'une palette, d'un cow-boy affublé d'un grand sexe [hommage à la peinture héroïque américaine], d'un labrador, d'un grand visage féminin arraché d'un magazine, d'une fleur géante, d'une jeune femme vue de dos... Autant dire un assemblage hétéroclite figurant, allégoriquement autant que narquoisement, notre théâtre contemporain.

Barbet dog, also a cutout. This is a way to mix together the great tradition of abstract art (from Malevich to Rothko) with Christian handicraft (before bearing his cross, Jesus was a carpenter) and domestic triviality (the bichon).

Jeune fille pleurant son canard (Young girl weeping over her disquieting duckling): this piece is a revamp of Jean-Baptiste Greuze's famed picture, *Jeune fille pleurant son oiseau mort* (Young girl weeping over her dead bird) (1765). Except that the duo have substituted a yellow duck for the bird, an obvious reference to Asger Jorn's "disquieting duckling" painted in 1959 over a landscape found at a flea market, from his *Modifications* series and itself in direct line with the "ugly duckling" tale by his fellow countryman Hans Christian Andersen. Ida and Wilfried like to recall that Daniel Arasse used to call the Tournus painter the "David Hamilton of the 18th century." In the same spirit, it pleases them to have this painting and its maudlin, mawkish associations coexist with the iconoclastic, derisory gesture of the Situationist International co-founder. This is a way to ironically comment on certain current moralizing and patronizing trends within contemporary art.

The duck is found again in the sculpture that takes prime real estate in the middle of the exhibition space (*Quelques canards et quelques cubes rouges surfant ensembles sur des vagues distinctes mais en parfaite synchronisation* [A few disquieting ducklings and a few red cubes surfing together yet in perfect synch on distinctive waves]). The duo considers this piece as a parasitic element that navigates between Kinetic Art and child's play.

The artwork reprising the title of a 1983 Kippenberger painting, *Huit ou neuf peintures pour réfléchir si on peut continuer ainsi* (Eight or nine paintings to figure out if it is possible to keep on like this), is a kind of programmatic summary of the exhibition. It is composed of three blotches, one palette, a cowboy laden with a gigantic penis (as an homage to American heroic painting), a lab terrier, a large female face torn out from a magazine, a gigantic flower, a young woman seen from the back... That is to say, a motley compendium depicting our contemporary scene as allegorically as sardonically.

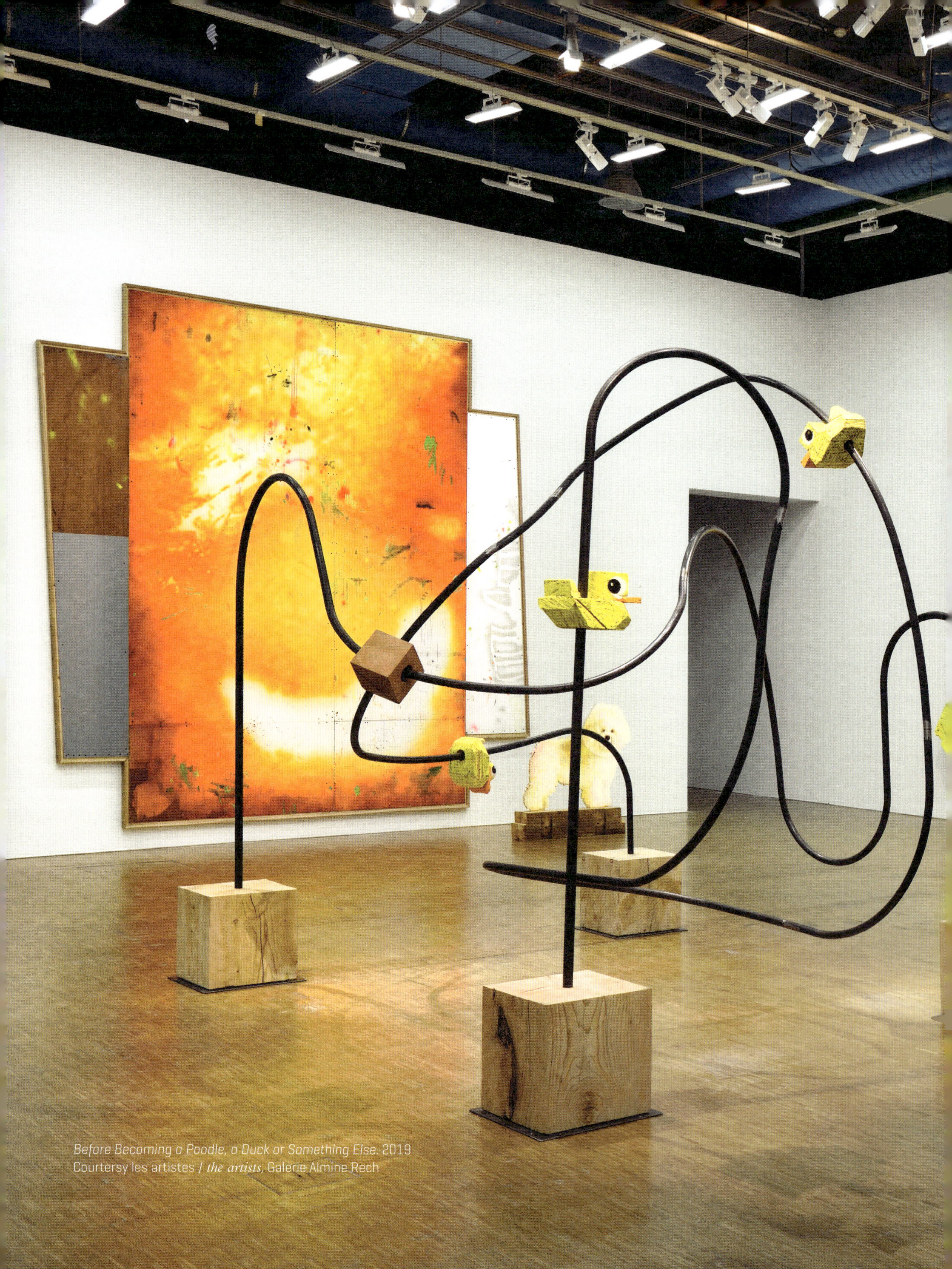

Before Becoming a Poodle, a Duck or Something Else, 2019
Courtersy les artistes / *the artists*, Galerie Almine Rech

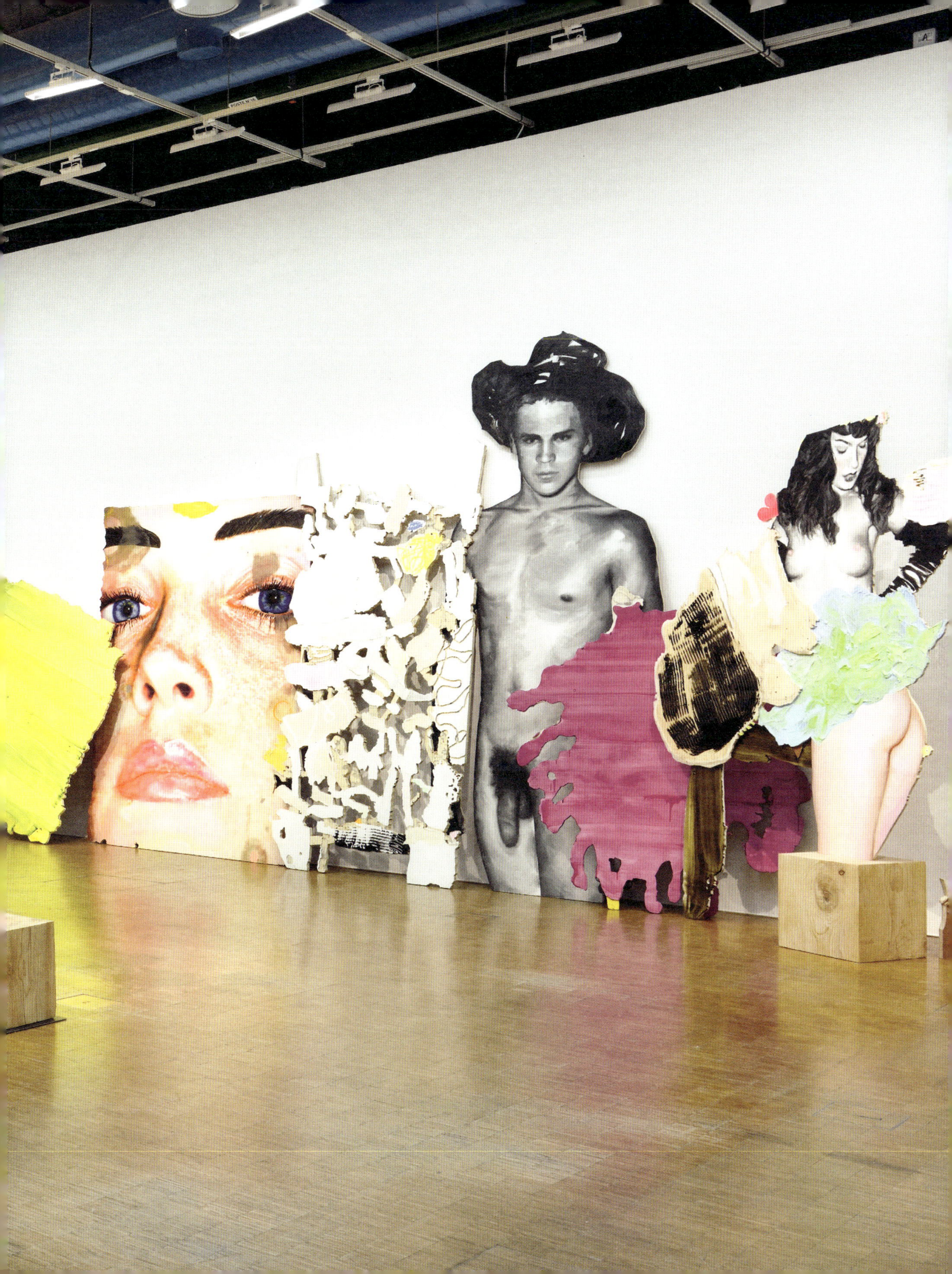

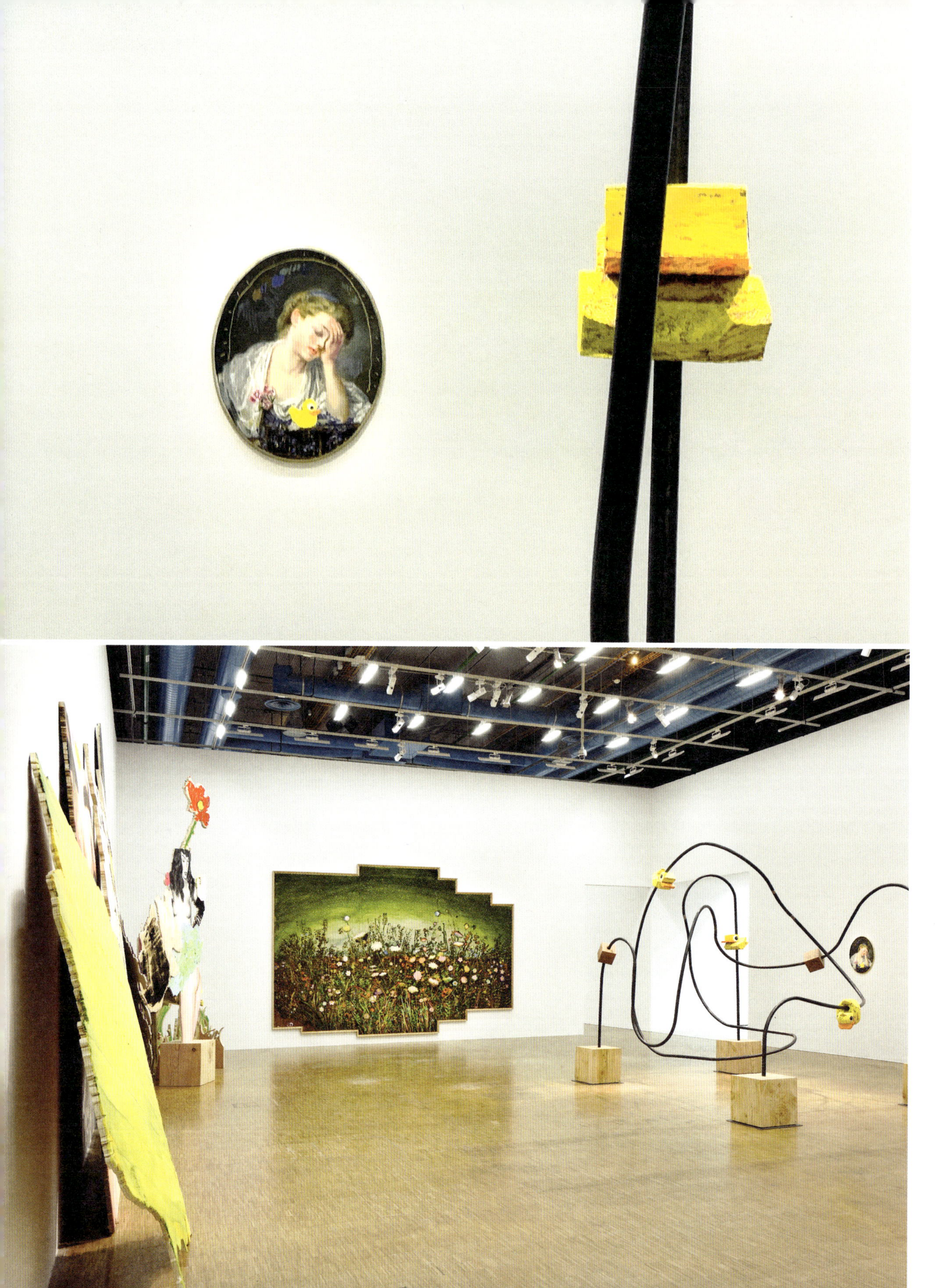

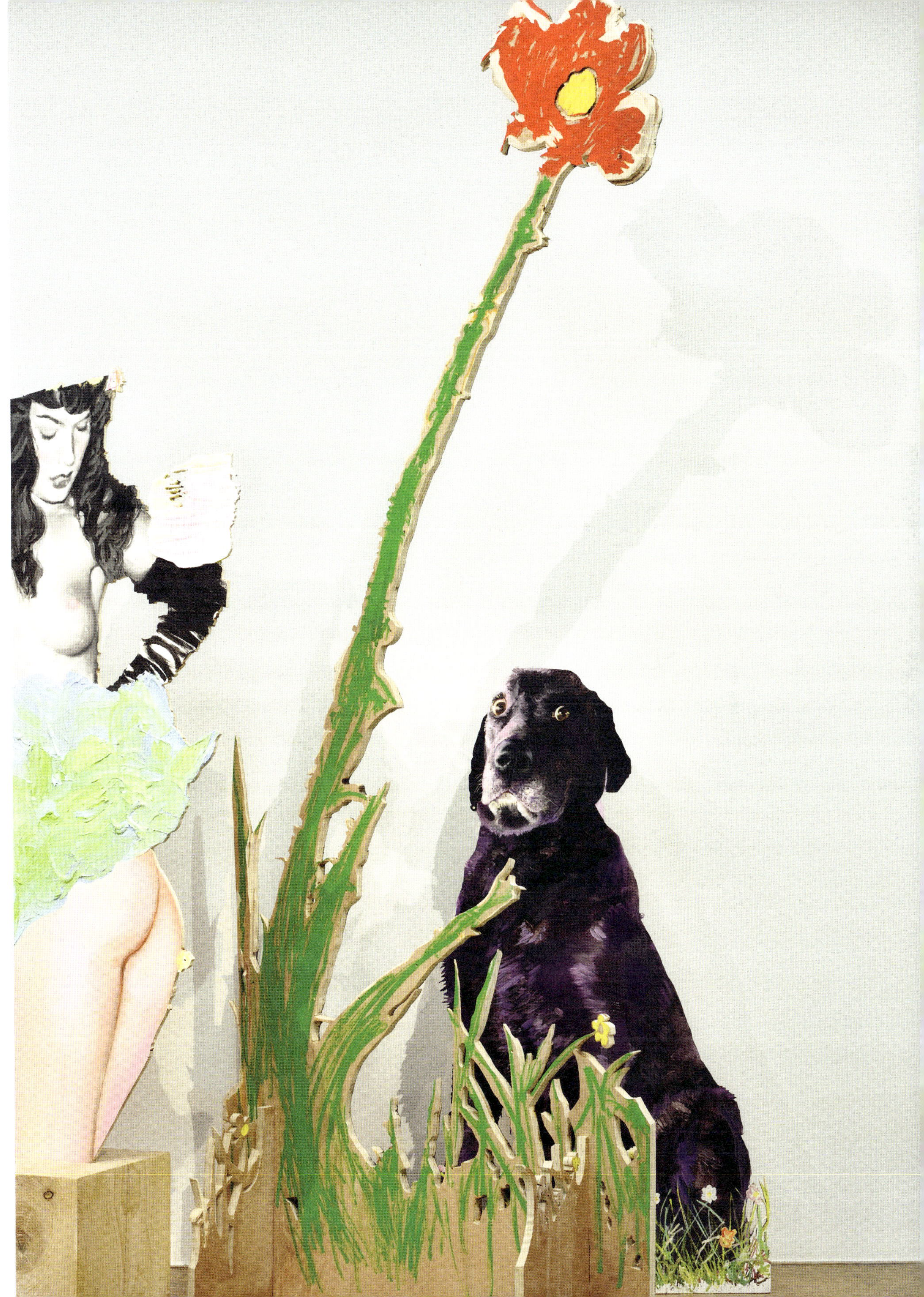

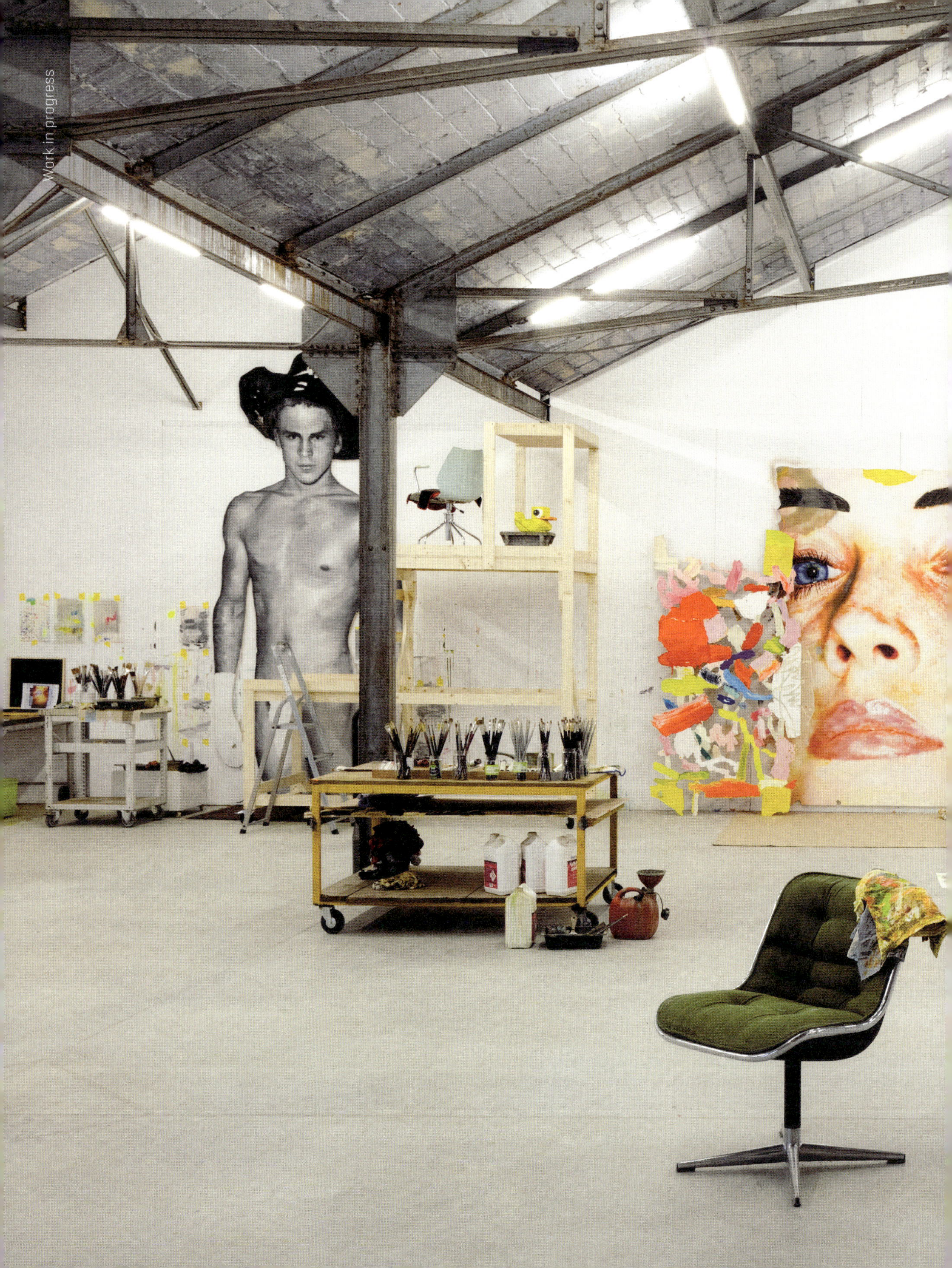

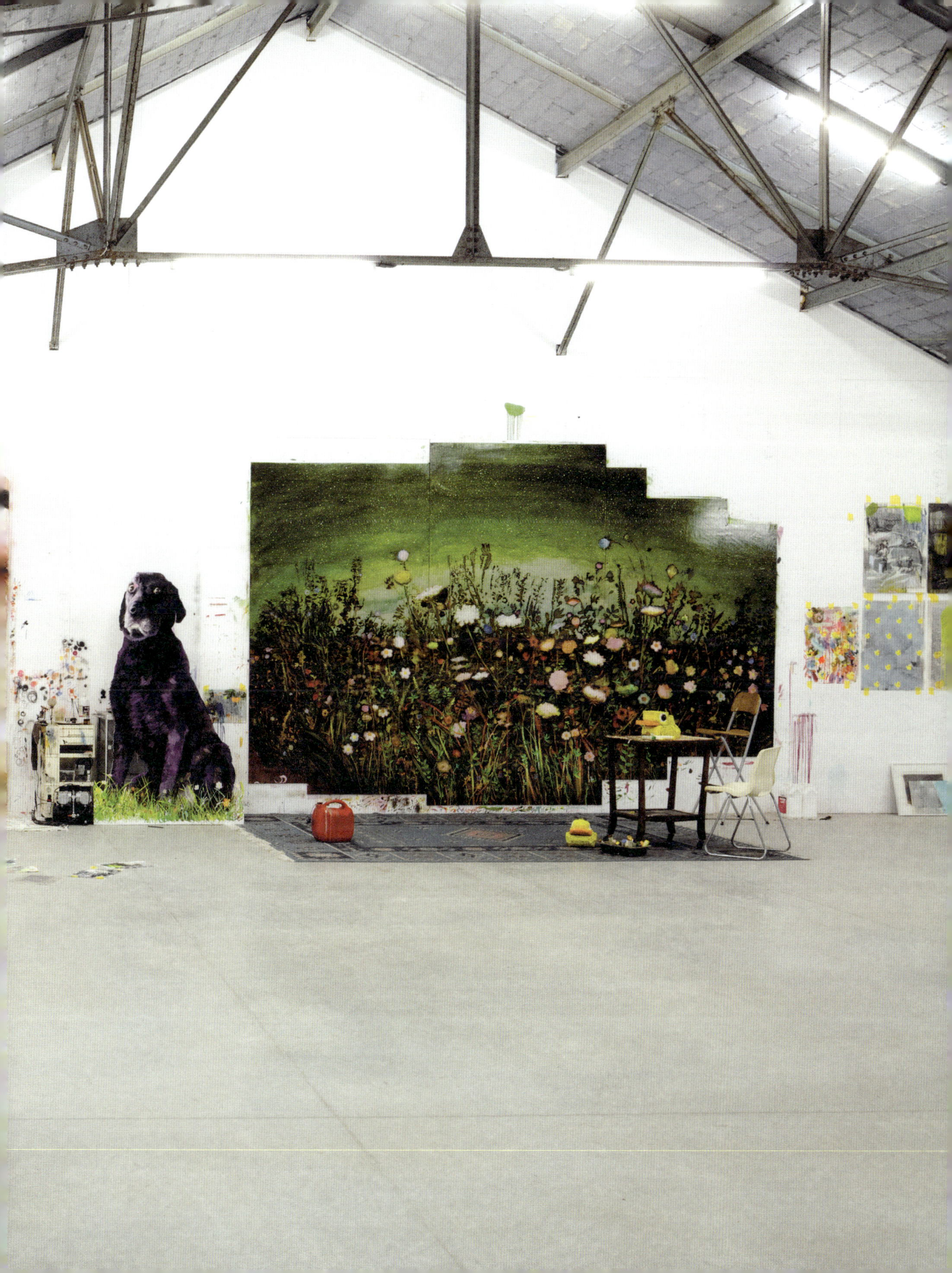

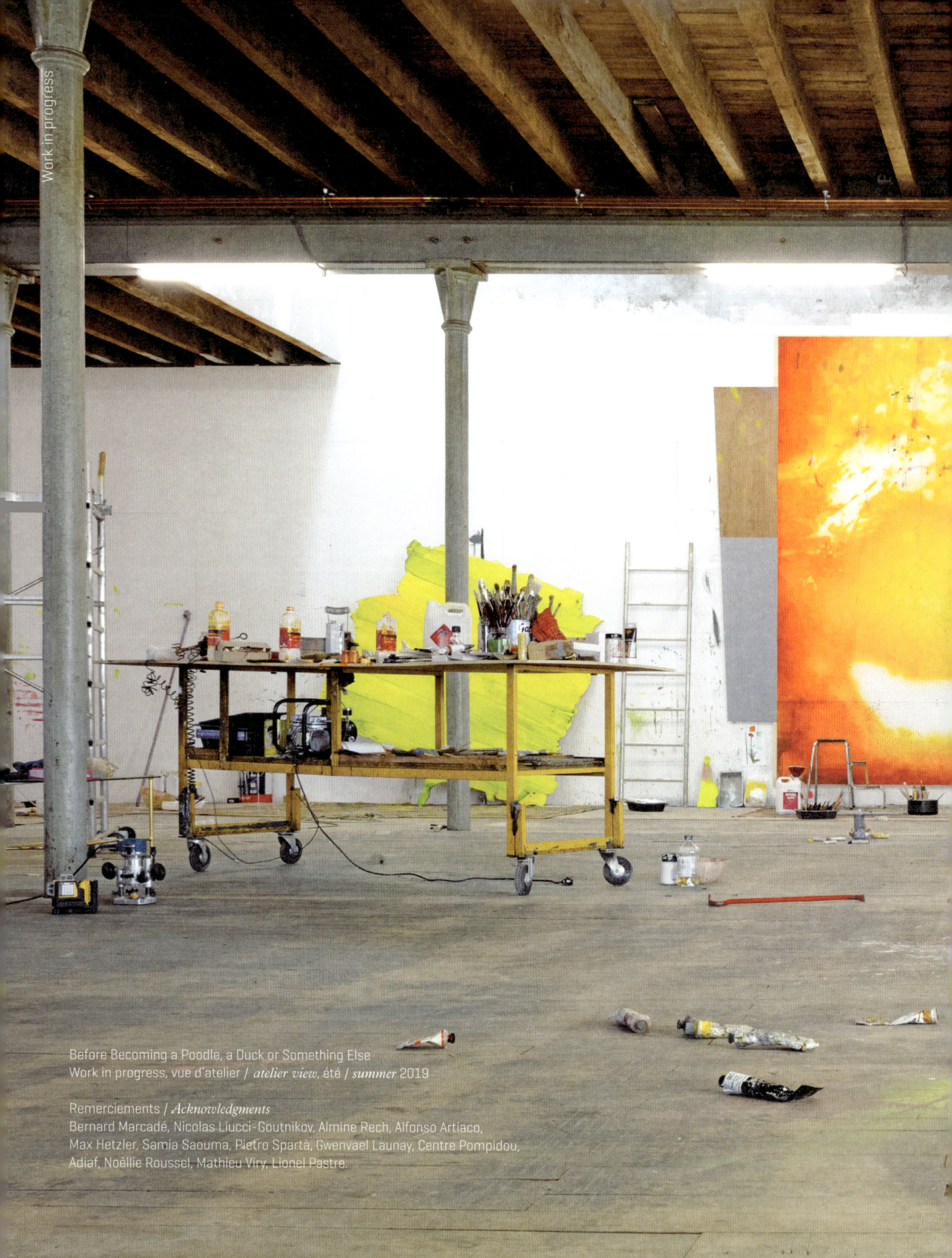

Before Becoming a Poodle, a Duck or Something Else
Work in progress, vue d'atelier / *atelier view*, été / *summer* 2019

Remerciements / *Acknowledgments*
Bernard Marcadé, Nicolas Liucci-Goutnikov, Almine Rech, Alfonso Artiaco, Max Hetzler, Samia Saouma, Pietro Spartà, Gwenvael Launay, Centre Pompidou, Adiaf, Noëllie Roussel, Mathieu Viry, Lionel Pastre.

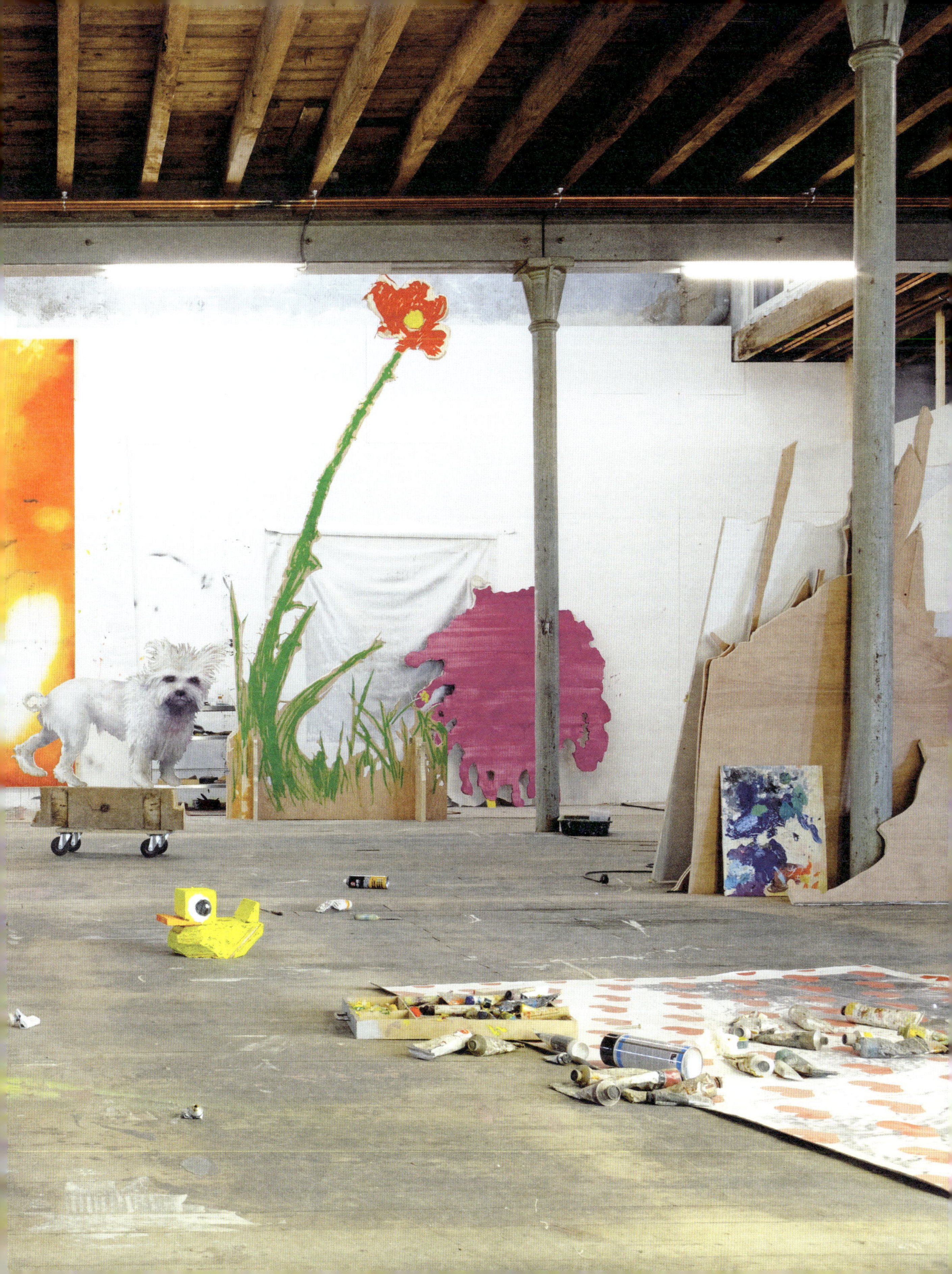

ÉRIC BAUDELAIRE

Né en 1973 à Salt-Lake-City, États-Unis.
Vit et travaille à Paris.
Born in 1973 in Salt-Lake-City, United States.
Lives and works in Paris.

Représenté par / Represented by : galeries Greta Meert, Bruxelles ; Barbara Wien, Berlin ; Juana de Aizpuru, Madrid

EXPOSITIONS PERSONNELLES / SOLO SHOWS (selection)

2019
Faire avec, Centre Régional d'Art Contemporain Occitanie, Sète, France
Some Letters, The Island Club, Limassol, Chypre / Cyprus
Afterimage, Barbara Wien, Berlin
2018
Walked the Way Home, Neuer Berliner Kunstverein (n.b.k.), Berlin
2017
APRÈS, Centre Pompidou, Paris
The Music of Ramón Raquello and his Orchestra, Tabakalera, San Sebastián, Espagne / Spain
Dora Maar, début, Galerie für Zeitgenössische Kunst, Leipzig, Allemagne / Germany
The Music of Ramón Raquello and His Orchestra, Witte de With, Rotterdam, Pays-Bas / Netherlands
2016
A Form that Accommodates the Mess, Barbara Wien, Berlin
2015
The Ugly One, Ludwig Forum, Aachen, Allemagne / Germany
The Secession Sessions, Matrix 257, UC Berkeley Art Museum, San Francisco, États-Unis / United States
2014
FRMAEOWRK, Fridericianum, Kassel, Allemagne / Germany
The Secession Sessions, Bergen Kunsthall, Norvège / Norway
L'œil se noie (avec / with Mathieu K. Abonnenc), KIOSK, Gand, Belgique / Belgium
The Secession Sessions, Bétonsalon, Paris
2013
Maintenant_Avant_Ici_Ailleurs, Beirut Art Center, Beyrouth / Beirut
2012
The Anabasis of May and Fusako Shigenobu, Masao Adachi and 27 Years without Images, Gasworks, London
2011
Eric Baudelaire : Sugar Water, Franklin Art Works, Minneapolis, États-Unis / United States
L'Anabase de May et Fusako Shigenobu, Masao Adachi et 27 Années d'Images, CAC la Synagogue de Delme, Delme, France
2010
Hammer projects : Eric Baudelaire, Hammer Museum, Los Angeles, États-Unis / United States
2009
Anabases I, Elizabeth Dee Gallery, New York, États-Unis / United States
Anabases II, Galerie Greta Meert, Bruxelles
2008
Site Displacement / Déplacement de Site, La Tôlerie, Clermont-Ferrand, France
2007
Circumambulation, Elizabeth Dee Gallery, New York, États-Unis / United States

EXPOSITIONS COLLECTIVES / GROUP SHOWS (selection)

2019
Le Prix Marcel Duchamp, Centre Pompidou, Paris, France (sous la direction de / curated by Nicolas Liucci-Goutnikov)
You, musée d'Art moderne de la Ville de Paris
Deep Sounding, DAAD Gallery, Berlin
La Rue, MOCO Panacée, Montpellier, France (sous la direction de / curated by Hou Hanru)
2018
Take Me (I'm Yours), Villa Medicis, Roma (sous la direction de / curated by Chiara Parisi, H.U. Obrist)
FRONT International: Cleveland Triennial, Cleveland, États-Unis / United States
2017
Home Beirut. Sounding the Neighbors, MAXXI, Roma (sous la direction de / curated by Hou Hanru)
Act II, Sharjah Biennial 13, Tamawuj, Beirut Art Center, Beyrouth / Beirut
4th Ural Industrial Biennial of Contemporary Art, NCCA, Ekaterinbourg / Ekaterinburg, Russie / Russia
2017 Whitney Biennial, Whitney Museum of American Art, New York, États-Unis / United States
Contour Biennale 8 (sous la direction de / curated by Natasha Ginwala), Mechelen, Belgique / Belgium
House of Commons, Portikus, Frankfurt am Main, Allemagne / Germany
2016
Le Grand Balcon, 2016 Montreal Biennial, Montreal, Canada
Territories and Fictions, Thinking a New Way of the World, Museo Reina Sofia, Madrid
Still (the) Barbarians, EVA International, Ireland's Biennale, Limerick, Irlande / Ireland (sous la direction de / curated by Koyo Kouoh)
2015
The Inoperative Community, Raven Row, London (sous la direction de / curated by Dan Kidner)
Sharjah Biennial 12, *The Past, the Present, the Possible*, Émirats Arabes Unis / UAE (sous la direction de / curated by Eungie Joo)
2014
ART Fahrenheit 451, Yokohama Triennale, Japon / Japan (sous la direction de / curated by Morimura Yasumasa)
Ghosts, Spies and Grandmothers, Mediacity Biennale SeMA, Seoul (sous la direction de / curated by Park Chan-Kyong)
Reading Cinema, Finding Words, Museum of Modern Art, Tokyo
2013
Liquid Assets, Steirischer Herbst, Ex-Zollamt, Graz, Autriche / Austria (sous la direction de / curated by Katarina Gregos)
Reading Cinema, Finding Words, Museum of Modern Art, Kyoto, Japon / Japan
2012
8th Taipei Biennial, Taipei Fine Arts Museum, Taiwan (sous la direction de / curated by Anselm Franke)
A Blind Spot, Documentary Forum II, Haus der Kulturen der Welt, Berlin (sous la direction de / curated by Catherine David)
Intense Proximité, La Triennale, Palais de Tokyo, Paris (sous la direction de / curated by Okwui Enwezor)

PRIX / PRIZES

2019
Nommé pour le Prix Marcel Duchamp / Nominated for the Marcel Duchamp Prize, Paris
Guggenheim Fellowship
2017
Future of Europe Art Prize
2015
Sharjah Biennial 12 Prize
2014
SeMA-HANA Award, Mediacity, Seoul
2012
Audi Talent Awards, Art Contemporain
2005
Prix de la Fondation HSBC pour la Photographie

COLLECTIONS PUBLIQUES / PUBLIC COLLECTIONS

Museum of Modern Art, New York
Whitney Museum of American Art, New York
Museo Reina Sofia, Madrid
MACBA, Barcelona
MMCA, Seoul
Centre Pompidou / Musée national d'art moderne, Paris
Fonds National d'Art Contemporain, France
FRAC Auvergne, France
FRAC Grand Large - Hauts-de-France, France

CATALOGUES & LIVRES D'ARTISTE / PUBLICATIONS AND ARTIST'S BOOKS

2017
The Music of Ramón Raquello and His Orchestra & Other Stories, Witte de With
2014
Anabases, Homay King, Morad Montazami, J.P. Rehm, Pierre Zaoui, Archive Books
Letters to Max, Poulet Malassis éditeur (livre d'artiste / artist's book)
2010
The Makes, Le Bal, Paris (livre d'artiste / artist's book)
Sugar Water, Onestar Press, Paris (livre d'artiste / artist's book)
2008
Site Displacement / Déplacement de Site, texte de / text by Guillaume Désanges, Archibooks, Paris
2005
États Imaginés, Actes Sud - Fondation HSBC, Arles

Née en 1976 à Francfort, Allemagne.
Vit et travaille à Paris.
Born in 1976 in Frankfurt/Main, Germany.
Lives and works in Paris.

Représentée par / Represented by : galeries Jocelyn Wolff, Paris ; Meyer Riegger, Berlin / Karlsruhe ; Greta Meert, Bruxelles

EXPOSITIONS PERSONNELLES / SOLO SHOWS (selection)

2020
Kestnergesellschaft, Hanovre, Allemagne / Germany
Atrium, Basque Museum-Center of Contemporary Art, Vitora, Espagne / Spain
2019
Avalanche, Pivô, São Paulo, Brésil / Brazil
Tumulte à Higienópolis, Lafayette Anticipations, Galeries Lafayette Corporate Foundation, Paris
Gibellina Drive, Bortolami, Condo New York, New York, États-Unis / United States
T-Toxic, Galerie Jocelyn Wolff, Paris
2018
Popolazione (righe e retta), Radiceterna Arte e Ambiente, Palermo, Italie / Italy
Radio, Tomorrow's Sculpture, Institut d'Art Contemporain (IAC), Villeurbanne, France
Radio Piombino, Common Guild, Glasgow, Écosse / Scotland
Smog, Tomorrow's sculpture, Mudam, Luxembourg
Sonar, Tomorrow's sculpture, Kunstmuseum Winterthur, Winterthur, Suisse / Switzerland
2017
Smog, Meyer Riegger, Berlin
Mesonya/, Siobhan Davies Dance, London
_O_O__O, Mercer Union, Toronto, Canada
One of Hundred, FalseFront, Portland Oregon, États-Unis / United States
2016
Katinka Bock | For Your Eyes Only, Labor Gallery, Ciudad de México
2015
Zarba Lonsa, Les Laboratoires d'Aubervilliers, France
2014
Nebenwege, KIOSK, Gent, Belgique / Belgium
Farben dieses Meeres, Städtische Kunsthalle Lüdenscheid, Allemagne / Germany
A and I, Henry Art Gallery, Seattle, États-Unis / United States
2013
40 Räuber, MAMCO, Genève, Suisse / Switzerland

EXPOSITIONS COLLECTIVES / GROUP SHOWS (selection)

2019
Prix Marcel Duchamp, Centre Pompidou, Paris
Da lontano era un'isola, KUNST MERAN | MERANO ARTE, Merano, Italie / Italy
Assistants of the void, Galerie nächst Sankt Stefan, Wien
2018
Odradek, Konsthall Malmö, Suède / Sweden
Assemble, synagogue de Delme, France
2017
Être pierre, musée Zadkine, Paris
Produktion, Made in Germany Drei, Kestnergesellschaft, Hanovre, Allemagne / Germany
Itinerarios XXIII, Fundación Botín, Santander, Espagne / Spain
2016
Time Will Tell, selection of artists from the Ricard Foundation Prize, Museo El Eco, Ciudad de México
Consensus, Signal, Center for Contemporary Art, Malmö, Suède / Sweden
2015
Warum ich mich in eine Nachtigall verwandelt habe, Kunstmuseum Luzern, Suisse / Switzerland
Anche le sculture muoiono, Palazzo Strozzi, Firenze, Italie / Italy
Ceramix, The Bonnefanten Museum, Maastricht, Netherlands / La Maison Rouge, Paris / Cité de la Céramique, Sèvres, France
2014
Post / Postminimal, Die Sammlung Rolf Ricke im Dialog mit zeitgenössischen Kunstschaffenden, Kunstmuseum St. Gallen, Suisse / Switzerland
Unstable Places, Israel Museum, Jérusalem, Israël / Israel
2013
Risk Society - Individualization in Young Contemporary Art from Germany, MOCA, Taipei, Taiwan
De leur temps (4), 2010/2013, Regards croisés de 100 collectionneurs sur la jeune création, Le Hangar à Bananes, Nantes, France
2011
Pour un art pauvre, Carré d'Art, Nîmes, France
Une terrible beauté, Biennale de Lyon, France

PUBLICATIONS / CATALOGUES (selection)

Katinka Bock, *The Sound of Distance*, Argobooks Berlin, 2009 (textes par / texts by Lorenzo Benedetti, Thomas Boutoux, Vanessa Clairet)
Katinka Bock, *Works. Œuvres. Werke, Words. Mots. Worte*, Paraguay Press, Paris and Verlag für moderne Kunst Nürnberg, 2010 (textes par / texts by Sabeth Buchmann, Natascha Sadr Haghighian, Kim West)
Pazifik, Katinka Bock, Henry Gallery Association, Seattle, Roma Publications, Amsterdam, 2014 (textes par / texts by Marie-Cécile Burnichon, Thomas Clerc, Luis Croquer, Sylvia Wolf)
ANY, Katinka Bock, Roma Publications, Amsterdam, 2016 (texte par / text by Thomas Boutoux)
Zarba Lonsa, _o_o__o, Mesonya/ Katinka Bock, MER Paper Kunsthalle, 2018 (textes par / texts by Alexandra Baudelot, Georgina Jackson, Aisha Sasha John, Kathy Noble, Clara Schulmann, Lauren A. Wright)
Radio Piombino, Katinka Bock, The Commun Guild, Glasgow, 2018 (texte par / text by Anne Bonnin)
Tomorrow's Sculpture, Sonar, Smog, Radio, Katinka Bock, Roma Publications, Amsterdam, 2018 (textes par / texts by Simone Menegoi, François Piron, Christina Vegh, Christophe Gallois)

PRIX, BOURSES, RÉSIDENCES / PRIZES, SCHOLARSHIPS, RESIDENCIES

2019
Nommée pour le Prix Marcel Duchamp / Nominated for the Marcel Duchamp Prize, Paris
2015
Visual Ars Grant at Fondación Botín, Santander, Espagne / Spain
2012
Residence, Villa Medicis, Roma
2012
Prix de la Fondation d'entreprise Ricard, Paris
2012
Dorothea von Stetten Kunstpreis, Allemagne / Germany

COLLECTIONS PUBLIQUES ET PRIVÉES/ PUBLIC AND PRIVATE COLLECTIONS

Musée national d'art moderne, Centre Georges Pompidou, Paris
Centre national des Arts plastiques, Paris
Musée d'Art moderne de la Ville de Paris
Fondation Louis Vuitton, Paris
Henry Art Gallery, Seattle, États-Unis / United States
Jumex, Ciudad de México
Kadist Foundation, Paris / San Francisco, États-Unis / United States
Lafayette Anticipations - Fonds de dotation Famille Moulin, Paris
Kunstmuseum Luzern, Suisse / Switzerland
Kunstmuseum St Gallen, Suisse / Switzerland
Kunstmuseum Winterthur, Suisse / Switzerland
Mamco, Genève, Suisse / Switzerland
Mudam, Luxembourg
Museum of Contemporary Art (MCA), Chicago, États-Unis / United States
Kunstmuseum Bonn, Allemagne / Germany
Kunstmuseum Stuttgart, Allemagne / Germany
La Petite Escalère | Jardin de sculptures, Saint-Laurent-de-Gosse, France
LWL - Landesmuseum für Kunst und Kulturgeschichte Westfälisches Landesmuseum, Münster, Allemagne / Germany
De Vleeshal, Middelburg, Pays-Bas / Netherlands
ZV Art, Paris
LES ABBATOIRS, Toulouse, France
FRAC Aquitaine, France
FRAC Bretagne, Rennes, France
FRAC Champagne-Ardenne, France
FRAC Franche-Comté, Besançon, France
Institut d'Art contemporain, FRAC Rhône-Alpes, Villeurbanne, France
Le Plateau, FRAC Île-de-France, Paris
FRAC Lorraine, France
FRAC Normandie, Caen, France
FRAC Normandie, Rouen, France
FRAC Pays de la Loire, France
FRAC PACA, Marseille, France

MARGUERITE HUMEAU

Née en 1986 à Cholet, France.
Vit et travaille à Londres.
Born in 1986 in Cholet, France.
Lives and works in London.

Représentée par / Represented by :
C L E A R I N G New York / Bruxelles

EXPOSITIONS PERSONNELLES / SOLO SHOWS (selection)

2019
Mist, C L E A R I N G, Bruxelles
Oscillations, Museion, Bolzano, Italie / Italy
Ecstasies, Kunstverein, Hamburg, Allemagne / Germany
2018
Solo Booth with C L E A R I N G, New York/ Bruxelles, Art Basel Miami, États-Unis / United States
Birth Canal, New Museum, New York, États-Unis / United States
Marguerite Humeau Drawings, C L E A R I N G, New York, États-Unis / United States
35000 AC, Fonderia Artistica Battaglia, Milano, Italie / Italy
2017
Echoes, Art Now, Tate Britain, London
Riddles (Final Beats), Zürich Art Prize 2017, Museum Haus Konstruktiv, Zürich, Suisse / Switzerland
Riddles (Jaws), Schinkel Pavillon, Berlin
Riddles (Birth of the Sphinx), C L E A R I N G NYC/Bruxelles, New York, États-Unis / United States
Echo, A Matriarch Engineered to Die, Les Abattoirs, FRAC Midi-Pyrénées, Toulouse, France
2016
FOXP2, Nottingham Contemporary, Nottingham, Royaume-Uni
Visions, Solo Booth with C L E A R I N G NYC/ Bruxelles, FRIEZE London
FOXP2, Palais de Tokyo, Paris
2015
Echoes, DUVE Berlin, Gallery Weekend, Berlin, Allemagne / Germany
2014
Horizons (sous la direction de / curated by Anja Henckel et /and Nadim Samman), Berlin Art Week Jury Selection, Import Projects, Berlin
The Things? (sous la direction de / curated by Alexandra Midal), Design Project Room, HEAD, Genève, Suisse / Switzerland

EXPOSITIONS COLLECTIVES / GROUP SHOWS (selection)

2019
Prix Marcel Duchamp (sous la direction de / curated by Nicolas Liucci-Goutnikov), Centre Pompidou, Paris
You, Musée d'Art moderne de la Ville de Paris
16th Istanbul Biennial (sous la direction de / curated by Nicolas Bourriaud), Istanbul, Turquie / Turkey
Twin Earth, duo show with Julian Charrière (sous la direction de / curated by Nadim Samman), SALTS, Bâle / Basel, Suisse / Switzerland
Fellbach Small Sculpture Triennial 2019, Fellbach, Danemark / Denmark
Préhistoire, Centre Pompidou, Paris
Future Generation Art Prize, Kiev ; Venezia, Italie / Italy
L'Âge de raison, C L E A R I N G, Bruxelles
2018
Blind Faith: Between the Visceral and the Cognitive in Contemporary Art, Haus der Kunst, München, Allemagne / Germany
Adapt to Survive: Notes from the Future (sous la direction / curated by Cliff Lauson), Hayward Gallery, London ; Alserkal Avenue, Dubai, Émirats Arabes Unis / UAE
Animals & Us, Turner Contemporary, Margate, Royaume-Uni / United Kingdom
The Marvellous Cacophony, Biennale of Belgrade (sous la direction de / curated by Gunnar and Danielle Kvaran), Serbie / Serbia
2017
RIDDLES (Sphinx Otto Protecting Earth from Humankind), Bosquet de l'Arc de Triomphe, Château de Versailles (sous la direction de / curated by Palais de Tokyo), France
RIDDLES (Sphinx Joachim Protecting Earth from Humankind), Mutations, High Line, New York, États-Unis / United States
Le Drap dans l'Halogène (sous la direction de / curated by Rebecca Lamarche-Vadel), Paris, France
Welcome Too Late (sous la direction de / curated by Toke Lykkeberg), Kunsthal Charlottenborg, Copenhague, Danemark / Denmark
2016
Cycle (sous la direction de / curated by Eva Wilson), Islande / Iceland
Mediacity Seoul Biennale, Corée du Sud / South Korea
Moscow Biennale of Young Art (premier prix / first prize, sous la direction de / curated by Nadim Samman), Moscou / Moscow
Fritto Misto, C L E A R I N G, New York, États-Unis / United States
Manifesta11 (sous la direction de / curated by Christian Jankowksi), Zürich, Suisse / Switzerland
Nuit Blanche Monaco (sous la direction de / curated by Jörg Heiser), Monaco
2015
Under the Moon (sous la direction de / curated by Khairuddin Bin Hori for Palais de Tokyo at ICAS), Singapour / Singapore
Anagramma, Cura Basement, Roma
The Work of Wind (sous la direction de / curated by Christine Shaw), Toronto Nuit Blanche and Blackwood Gallery, Toronto, Canada
Rare Earth (sous la direction de / curated by Boris Ondreicka & Nadim Samman), TBA21 Thyssen-Bornemisza Art Contemporary Augarten, Wien
2014
Extinction Marathon (sous la direction de / curated by Hans Ulrich Obrist), Serpentine Gallery, London
Royal British Society of Sculptors Bursary Exhibition, London
The Things? - Part 2, London Design Festival, Victoria and Albert Museum, Sculpture Gallery, London
The Opera of Prehistoric Creatures, live performance at V&A Friday Late, Victoria and Albert Museum, London
A Collection of Ideas (sous la direction de / curated by Paola Antonelli), MoMA, New York, États-Unis / United States
The Prehistory of the Image, Artefact Festival (sous la direction de / curated by Hicham Khalidi), Louvain, Belgique / Belgium
2013
The Universal Addressability of Dumb Things (sous la direction de / curated by Mark Leckey), the Hayward Gallery Touring Programme, The Bluecoat in Liverpool, Nottingham Contemporary, De la Warr Pavilion, Royaume-Uni / United Kingdom
2012
Politique Fiction (sous la direction de / curated by Alexandra Midal), Cité du Design, Saint-Étienne, France
2011
Talk to Me (sous la direction de / curated by Paola Antonelli), MoMA, New York, États-Unis / United States
RCA Show 2011, Royal College of Art, London

PRIX / PRIZES

2019
Nommée pour le prix Marcel Duchamp / Nominated for the Marcel Duchamp Prize, Paris
2017
Zürich Art Prize, Suisse / Switzerland
2018
Battaglia Foundry Sculpture Prize, Milano, Italie / Italy
2014
Royal British Society of Sculptors Bursary Award, London

COLLECTIONS PUBLIQUES ET PRIVÉES / PUBLIC AND PRIVATE COLLECTIONS

MoMA, New York, États-Unis / United States
Tate, London
Centre Pompidou, Paris
Fonds de dotation Famille Moulin, Paris
Aishti Foundation, Beyrouth / Beirut
Zabludowicz Collection, London
Modern Forms, London
Vanhaerents Art Collection, Bruxelles

IDA TURSIC & WILFRIED MILLE

Ida Tursic, née en 1974 à Belgrade, Serbie.
Born in 1974 in Belgrade, Serbia.
Wilfried Mille, né en 1974 à Boulogne-sur-Mer, France.
Born in 1974 in Boulogne-sur-Mer, France.
Vivent et travaillent en France.
Live and work in France.

Représentés par / Represented by : galeries Almine Rech, Paris, Bruxelles, London, New York, Shanghai ; Pietro Sparta, Chagny (France) ; Max Hetzler, Berlin, London ; Alfonso Artiaco, Napoli

EXPOSITIONS PERSONNELLES / SOLO SHOWS (selection)
2020
Le Portique, Centre d'Art Contemporain, Le Havre, France (à venir / upcoming)
2018
Are Men Unicorns?, Almine Rech, Bruxelles
Sunset e Pornografia, Alfonso Artiaco, Naples, Italie / Italy
Melancholic Sunset, Pilevnely Gallery Istanbul, Turquie / Turkey
2017
Ida Tursic & Wilfried Mille: Bianco Bichon, Nero Madonna, e altre distruzioni liriche, Fondation Ricard, Paris
Ida Tursic & Wilfried Mille, Stiftung zur Förderung der Zeitgenössischen, Kunst in Weidingen, Weidingen, Allemagne / Germany
2016
Elizabeth Taylor in a landscape, painting nature's beauty and the caress of the smirking sun over the mountains, Almine Rech, Paris
2015
Salon de Musique, La Villa Laurens, Agde, France (commande publique / public commission) Permanent
Ida Tursic & Wilfried Mille, Max Hetzler, Berlin
Pasta al nero di sepia, Alfonso Artiaco, Napoli, Italie / Italy
2013
La Nuit et cætera, galerie Pietro Sparta, Chagny, France
2012
The Weeds, Almine Rech, Bruxelles
2011
Decade, FRAC Auvergne, Clermont-Ferrand, France
Smears, galerie 40m Cube, Rennes, France
It Was the Dirty End of Winter, musée des Beaux-Arts, Dole, France
2010
Come in Number 51, Almine Rech, Paris
2007
Peg Entwistle, galerie Pietro Sparta, Chagny, France

EXPOSITIONS COLLECTIVES / GROUP EXHIBITIONS (selection)
2019
Prix Marcel Duchamp 2019, Centre Pompidou, Paris
EldoradoMuMo, Lille, France
Les Enfants du Paradis, MUba Eugène Leroy, Tourcoing, France
Approaches to Abstraction, Almine Rech, Shanghai, Chine / China
Made In France, Max Hetzler, Paris
INPUT/OUTPUT : Painting after Technology, Max Hetzler, London
2018
Cliche, sous la direction de / curated by Bill Powers, Almine Rech, New York, États-Unis / United States
Souffle, Fondation Francès, Paris
Peindre la nuit, Centre Pompidou Metz, France
2017
Oltreprima - La fotographia dipinta nell'arte contemporanea, Fondazione del Monte, Bologna, Italie / Italy
La Peinture en Apnée, Frac Bourgogne, sous la direction de / curated by Xavier Douroux, France
2016
RUN RUN RUN, Villa Arson, Nice, France
De leur temps (5'), IAC - Institut d'Art Contemporain, Villeurbanne, France
The Garden of Delights and Colors, MUMO - Mobile, France
2015
The Shell, Almine Rech, Paris
(un mural, des tableaux), Le Plateau, FRAC Île-de-France, Paris
2014
Shit and Die, sous la direction de / curated by Maurizio Cattelan, Palazzio Cavour, Torino, Italie / Italy
Trash Test / Crash Test, Fondation Francès, Senlis, France
Halftone, Max Hetzler, Berlin
Choices, École nationale supérieure des Beaux-Arts, Paris
Abstraction/Figuration, musée des Beaux-Arts de Rennes, France
Le Mur, collection Antoine de Galbert, La Maison Rouge, Paris
2013
The Deer, a show by Eric Troncy, Le Consortium, Dijon, France 'Ceremonie', France
Les Archipels réinventés - Les prix Fondation d'Entreprise Ricard, Vieille Charité, Marseille, France
De leur temps (4), collections privées, Le Hangar à Bananes, Nantes, France
2011
My Paris. Collection Antoine de Galbert, ME Collectors Room, Berlin
2010
Perpetual Battle, Baibakov Art Project, Moscou / Moscow
Centre Pompidou at the Hermitage Museum, Hermitage Museum, Saint Pétersbourg / Saint Petersburg, Russie / Russia
2009
L'Image cabrée, Centre Georges Pompidou, 11th Award of the Fondation d'entreprise Ricard, Paris
Paisagens Oblicas, Museu Municipal, Faro, Portugal
Arte na França. O Realismo, Museo de Arte, São Paulo, Brésil Fondation, Brésil / Brazil
La Rose pourpre du Caire, musée d'Art et d'Archéologie, Aurillac, France
N'importe quoi, MAC, Lyon, France
Just with Your Eyes I Will See, FRAC Auvergne, Clermont-Ferrand, France
2008
Não te posso ver nem pintado, Museu Berardo, Lisboa
The Freak Show 2, La Monnaie de Paris, Paris
2007
The Freak Show, MAC, Lyon, France
De leur temps (2), musée d'Art contemporain, Grenoble, France
2006
La Force de l'Art, Superdéfense, Grand Palais, Paris
2004
De leur temps (1), collections privées françaises, musée des Beaux-Arts, Tourcoing, France
Widziec w Malarstwie, The Center for Contemporary Art, Ujazdowski Castle, Varsovie / Warsaw
2003
Voir en Peinture, FRAC-Le Plateau, Paris

COLLECTIONS PUBLIQUES ET PRIVÉES / PRIVATE AND PUBLIC COLLECTIONS
Centre Georges Pompidou, Paris
Consortium, Dijon, France
Fondation Louis Vuitton, Paris
Musée des Beaux-Arts, Dole, France
Musée régional d'Art contemporain, Sérignan, France
FRAC Auvergne, Clermont-Ferrand, France
Fond National d'Art Contemporain, Paris
Fondation Francès, Senlis, France
Fondation Berdin-Prat, Paris
Museu Berardo, Lisboa
Foundation K11 Hong Kong, Chine / China
Bulgari Milano, Italie / Italy

PRIX / PRIZES
2019
Nommés pour le Prix Marcel Duchamp / Nominated for the Marcel Duchamp Prize, Paris
2009
Prix de la / Prize of the Fondation d'entreprise Ricard, Paris

PUBLICATIONS / BOOKS
Introduction - The White Book
Ed. Pietro Sparta, 2004
Décade PRESSES DU RÉEL 2011
avec / with Éric Troncy et / and Virginie Vuillaume
Tursic-Mille 2011/2019
par / by Hans Werner Holzmarth
avec des contributions de / with contributions by : Alison Gingeras, Éric Troncy, Noëllie Roussel

Remerciements / *Acknowledgements*

L'ADIAF adresse ses profonds remerciements au Centre Pompidou, en particulier à Serge Lasvignes, son président, et à Bernard Blistène, directeur du Musée national d'art moderne - Centre de création industrielle, pour le soutien qu'ils apportent au Prix Marcel Duchamp depuis sa création en 2000 et pour le nouvel élan donné depuis 2016. / *The ADIAF would like to thank the Centre Pompidou, and notably Serge Lasvignes, Chairman, Director & CEO, and Bernard Blistène, the Director of the Musée National d'Art Moderne, for the support they provide to the Marcel Duchamp Prize since its launch in 2000 and the new momentum given since the 2016 edition.*

L'ADIAF remercie les directions du Centre Pompidou engagées autour du prix avec leurs équipes / *The ADIAF would like to thank the Centre Pompidou's directors and the teams involved in the prize :*

Direction du MNAM / CCI
Nicolas Liucci-Goutnikov, commissaire de l'exposition Prix Marcel Duchamp 2019 / *Curator of the 2019 Marcel Duchamp Prize exhibition*
Vincent Moncho, chargé de recherche / *Research Manager*

Direction de la production / *Production Department*
Anne-Sophie de Gasquet, directrice / *Director*
Yvon Figueras, chef du service des expositions / *Head of the Exhibitions Unit*
Dorothée Lacan, chargée de production / *Exhibition Manager*
Corinne Marchand, architecte-scénographe / *Scenographer*
Lora Houssaye, régisseur d'œuvres / *Registrar*
Cédric Bouvet, régisseur d'espace / *Technical Manager*
Pierre Herman, accrocheur / *Technical assistant*
Vahid Hamidi, responsable pôle exploitation audiovisuelle / *Audiovisual Manager*
Éric Brayer, éclairagiste / *Ligthing Technician*
Célia Crétien, chef de projet médiation écrite et orale / *Education Manager*
Philippe Migeat, photographe / *Photographer*

Direction de la communication et du numérique / *Communications and Digital Department*
Agnès Benayer, directrice / *Executive Director*
Lydia Poitevin, chef du service des relations publiques / *Head of Public Relations*
Roxane Venditti, chargée des relations publiques / *Public Relations Agent*
Dorothée Mireux, attachée de presse / *Press Secretary*
Christian Beneyton, Pôle image / *Image Unit*
Oeil de Lynx, signalétique de l'exposition / *Exhibition Signage*

L'ADIAF tient à remercier ses membres et ses fidèles mécènes dont la générosité permet au PRIX MARCEL DUCHAMP de se déployer au fil des années / *The ADIAF would like to thank its members and its faithful patrons whose generosity has allowed the MARCEL DUCHAMP PRIZE to develop to such a great extent over the years :* Adagp, Artcurial, Comité Professionnel des Galeries d'Art, Fondation d'entreprise Hermès Icart, Inlex Ip Expertise, Société Générale,

Merci aux partenaires du prix qui prennent une part active à son organisation.
A special thank to our partners for their role in the prize's organization.
Champagne Castelnau, CreativTv, Horizon Bleu, Silvana Editoriale

Merci aux partenaires Média qui se sont associés à l'édition 2019 du prix /
Our heartfelt thanks go to the 2019 Marcel Duchamp Prize's new media partners :
The Art Newspaper, France Culture et *Les Inrockuptibles.*

L'ADIAF remercie infiniment les artistes, leurs galeries, leurs équipes et leurs partenaires qui ont participé à l'exposition du Prix Marcel Duchamp 2019 / *The ADIAF wishes to give a warm thank you to the artists, their galleries, their teams and partners who have played their part in the 2019 Marcel Duchamp Prize exhibition :*

Éric BAUDELAIRE
et ses galeries / *and his galleries* : Greta Meert, Bruxelles ; Barbara Wien, Berlin ; Juana de Aizpuru, Madrid.
Avec le soutien de / *With the support of* Département de la Seine-Saint-Denis, Eiffage, Fondation Antoine de Galbert.

Katinka BOCK
et ses galeries / *and her galleries* :
Jocelyn Wolff, Paris ; Meyer Riegger, Berlin / Karlsruhe ; Greta Meert, Bruxelles
Avec le soutien de la commission mécénat de / *With the support of the patronage commission of* la Fondation des artistes pour / *for Le Grand Citron*, 2019

Marguerite HUMEAU
et sa galerie / *and her gallery* :
C L E A R I N G, Bruxelles

Ida TURSIC & Wilfried MILLE
et leurs galeries / *and their galleries* :
Almine Rech, Max Hetzler, Berlin ; Alfonso Artiaco, Napoli ; Pietro Sparta, Chagny

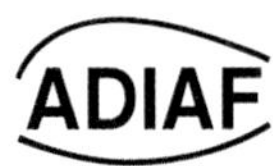

L'ADIAF en bref

Présidée par Gilles Fuchs, l'Association pour la diffusion internationale de l'art français - ADIAF - regroupe 400 collectionneurs d'art contemporain français engagés intensément dans l'aventure de la création. Soutenue par des entreprises mécènes, l'ADIAF s'est donnée comme mission de mettre en lumière le foisonnement créatif de la scène française de ce début du XXIe siècle et de contribuer à son rayonnement international.
Créé en 2000 par l'ADIAF et organisé dès l'origine en partenariat avec le Centre Pompidou, le Prix Marcel Duchamp entend rassembler les artistes les plus novateurs et confronter toutes les formes artistiques. Il distingue chaque année un lauréat parmi quatre artistes français ou résidant en France travaillant dans le domaine des arts plastiques et visuels : installation, vidéo, peinture, photographie, sculpture...
Les quatre artistes nommés pour chaque édition sont choisis par un comité de collectionneurs de l'ADIAF, acteurs passionnés du monde de l'art, qui confèrent à ce prix sa singularité. La « sélection d'artistes » est ensuite soumise à un jury international réunissant des experts dont les avis font autorité dans le monde de l'art contemporain - conservateurs de grandes institutions, collectionneurs français et étrangers - chargé de choisir le lauréat à qui l'ADIAF offre une dotation financière de 35 000 €. Comité de sélection et jury sont renouvelés chaque année.
Ce prix de collectionneurs, qui a distingué plus de 80 artistes, a connu un nouvel élan en 2016. Après avoir invité chaque année le lauréat pendant quinze ans, le Centre Pompidou ouvre désormais ses portes aux quatre finalistes qui bénéficient ainsi d'une vitrine exceptionnelle au sein d'une des plus grandes institutions muséales au monde.
Au fil des années, le Prix Marcel Duchamp s'est imposé comme l'un des plus pertinents vecteurs d'information sur l'art contemporain en France. Ambassadeur de la scène hexagonale, il a acquis une notoriété et un prestige qui le placent parmi les grands prix nationaux de référence pour la scène internationale.
La cinquantaine d'expositions organisées à ce jour par l'ADIAF à travers le monde autour des artistes du Prix Marcel Duchamp apportent un éclairage précieux sur le dynamisme actuel de l'art contemporain en France. Elles ont permis de nouer des partenariats stimulants avec de nombreux musées français et étrangers et donné lieu à des catalogues qui contribuent au rayonnement international de la scène française.

L'ADIAF in brief

Presided over by Gilles Fuchs, the ADIAF (Association for the International Diffusion of French Art) groups together 400 collectors of French contemporary art all firmly committed to the adventure of creation. Sponsored by art patron-businesses, the ADIAF has set itself the task of spotlighting the creative energy of the French scene at the beginning of the 21st century and helping to raise its international profile.
Created in 2000 by the ADIAF and organized from the start outset in partnership with the Centre Pompidou, the Marcel Duchamp Prize intends to bring together the most innovative artists and confront all of the artistic forms. Each year, it honours one winner from among four French artists or artists residing in France working in the field of the plastic and visual arts: installation, video, painting, photography, sculpture...
The four artists nominated for each edition are chosen by the ADIAF's collectors' committee, passionate actors in the art world, which is what gives this prize its own unique character. The "selection of artists" is then submitted to an international jury uniting a group of experts considered to be leading authorities in the contemporary art world: curators of major institutions, French and foreign collectors – tasked with choosing the winner to whom the ADIAF offers a financial endowment of 35 000 euros. The selection committee and jury are renewed each year.
This collector's prize which has honoured more than 80 artists is enjoying new momentum in 2016.
After having hosted the winner every year for the past 15 years, the Centre Pompidou opens now its doors to the four nominated artists who will be benefiting from an exceptional showcase in one of the world's greatest museums.
Over the years, the Marcel Duchamp Prize has established itself as one of the most relevant information vectors of contemporary art in France. Ambassador of the French contemporary art, it has acquired a reputation and prestige placing it among the top national benchmark awards on the international scene.
The fifty or so exhibitions organized to date by the ADIAF around the artists from the Marcel Duchamp Prize throws precious light on the current creative energy of contemporary art in France. It has made it possible to develop stimulating partnerships with numerous French and foreign museums and produce catalogues that all go to help raise the international profile of the French scene.

Lauréats du Prix Marcel Duchamp
Winners of the Marcel Duchamp Prize

Thomas Hirschhorn [2000], Dominique Gonzalez-Foerster [2002], Mathieu Mercier [2003], Carole Benzaken [2004], Claude Closky [2005], Philippe Mayaux [2006], Tatiana Trouvé [2007], Laurent Grasso [2008], Saâdane Afif [2009], Cyprien Gaillard [2010], Mircea Cantor [2011], Daniel Dewar & Grégory Gicquel [2012], Latifa Echakhch [2013], Julien Prévieux [2014], Melik Ohanian [2015], Kader Attia [2016], Joana Hadjthomas & Khalil Joreige [2017], Clément Cogitore [2018].

Partenaires / *Partners*

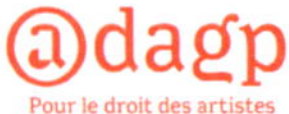

Créée en 1953, l'ADAGP est la société française de perception et de répartition des droits d'auteur dans le domaine des arts graphiques et plastiques. Forte d'un réseau mondial de près de 50 sociétés sœurs, elle représente aujourd'hui plus de 180 000 auteurs dans toutes les disciplines des arts visuels : peinture, sculpture, photographie, architecture, design, bande dessinée, manga, illustration, street art, création numérique, art vidéo.
L'ADAGP encourage également la scène créative en initiant et / ou en soutenant financièrement des projets propres à valoriser les arts visuels et à en assurer la promotion à l'échelle nationale et internationale.
Created in 1953, ADAGP is the French royalty collecting and distribution society in the field of graphic and visual arts. It represents 180,000 authors worldwide, in all disciplines of visual art, including painting, sculpture, photography, design, graphic novels, street art, video art, digital art, architecture... Through an international network of 50 partner organisations worldwide, the ADAGP collects and distributes royalties, protects artists and fights to improve authors' rights. The ADAGP cultural action program encourages the creative scene by initiating and/or financially supporting projects that enhance the visual arts and promote them nationally and internationally.

www.adagp.fr

ICART
L'école du management de la culture et du marché de l'art

L'ICART, l'École de Management de la Culture et du Marché de l'art, est fière d'être le partenaire Éducation & Formation de l'ADIAF. Pleinement connectés à la création et aux artistes contemporains, l'ICART et ses étudiants sont présents à toutes les étapes du Prix Marcel Duchamp, ainsi qu'au cœur de la vie culturelle de l'ADIAF avec plus de 60 visites d'ateliers et musées tout au long de l'année. Une opportunité unique pour ces étudiants de participer au programme d'animations de l'ADIAF, de découvrir l'univers des collectionneurs et soutenir la création française.
ICART, the leading school in Cultural and Art Management, is proud to partner the ADIAF's "Education and Training" initiative. In touch with contemporary creation and artists, ICART and its students are involved in each stage of preparation for the Marcel Duchamp Prize and are at the centre of the ADIAF's cultural agenda with more than 60 studio and museum visits throughout the year. A unique opportunity for the students at ICART to take part in the ADIAF's events program, to discover the world of collecting and support French artistic creation.

www.icart.fr

ARTCURIAL

La maison de ventes aux enchères ARTCURIAL est heureuse de soutenir l'ADIAF et son action en faveur du rayonnement de l'art contemporain à travers le Prix Marcel Duchamp qui encourage la visibilité de la jeune création française sur la scène internationale.
The auction house ARTCURIAL is happy to support the ADIAF and its promotion of French contemporary art, notably through the Marcel Duchamp Prize, intended to raise the profile of young French artists on the international stage.

www.artcurial.com

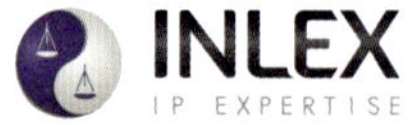

Parce que le talent doit être particulièrement encouragé quand il est créatif, original, et nouveau... Inlex IP Expertise, cabinet de Conseil en Propriété Intellectuelle et son équipe d'experts en valorisation d'actifs immatériels, a souhaité promouvoir l'art contemporain en s'associant à l'ADIAF pour la remise du Prix Marcel Duchamp.
Because talent must be encouraged especially when it is creative, original and new... Inlex IP Expertise, a law firm specialized in intellectual property as well as its assets valuation team, has joined the ADIAF in promoting contemporary art with its support for the Marcel Duchamp Prize.

www.inlex.com

CPGA
COMITÉ PROFESSIONNEL DES GALERIES D'ART

Interlocuteur privilégié des acteurs publics et privés du champ de l'art, le Comité Professionnel des Galeries d'Art représente les galeries et défend leurs intérêts depuis 1947. Il prend part à l'élaboration des réglementations du marché de l'art et contribue aux politiques culturelles. Son partenariat avec le Prix Marcel Duchamp témoigne du lien indissociable entre les artistes, les collectionneurs, les musées et les galeries animées par la volonté de promouvoir la scène artistique française.

Engaged in dialogue with key players in the private and public art sector, the Comité Professionnel des Galeries d'Art has represented galleries and defended their interests since 1947. It takes part in the development of regulations on the art sector and supports cultural policies. Its partnership with the Marcel Duchamp Prize testifies to the enduring bond between artists, collectors and gallerists in their mutual desire to promote French art.

www.comitedesgaleriesdart.com

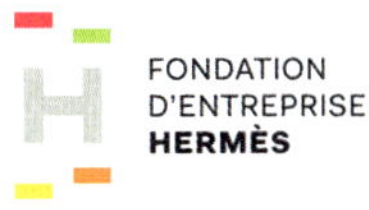

La Fondation d'entreprise Hermès accompagne celles et ceux qui apprennent, maîtrisent, transmettent et explorent les gestes créateurs pour construire le monde d'aujourd'hui et inventer celui de demain. Elle développe neuf grands programmes qui articulent savoir-faire, création et transmission. Toutes les actions de la Fondation d'entreprise Hermès, dans leur diversité, sont dictées par une seule et même conviction : *nos gestes nous créent.*

The Fondation d'entreprise Hermès supports men and women seeking to learn, perfect, transmit and celebrate the creative skills that shape and inspire our lives today, and into the future. The Foundation operates nine major programmes with a combined focus on skills, creativity and transmission. The Foundation's diverse activities are governed by a single, over-arching belief: our gestures define us.

www.fondationdentreprisehermes.org

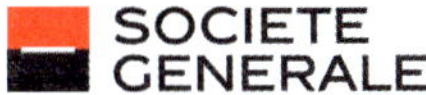

Société Générale est l'un des premiers groupes européens de services financiers, impliqué depuis près de trente ans dans le domaine de l'art contemporain. Sa collection, initiée en 1995, constitue aujourd'hui un ensemble de plus de 1 200 œuvres, peintures, sculptures, photographies, estampes et lithographies d'artistes français et internationaux, exposées principalement sur les sites de La Défense, Val de Fontenay et à l'agence centrale boulevard Haussmann à Paris. Le groupe Société Générale est particulièrement heureux de participer au rayonnement de la scène artistique française en soutenant l'ADIAF et le Prix Marcel Duchamp.

Société Générale is one of the leading European financial services groups and has been committed to supporting contemporary art for nearly 30 years. Launched in 1995, the Bank's Collection comprises over 1,200 artworks, including paintings, sculptures, photographs, drawings and prints by French and international artists and is primarily exhibited at the Group's headquarters in La Défense, Val de Fontenay and Agence Centrale, boulevard Haussmann in Paris. Société Générale is delighted to support ADIAF and the Marcel Duchamp Prize and to contribute to the visibility of France's contemporary art scene.

www.collectionsocietegenerale.com

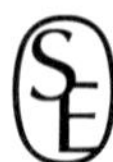

Cet ouvrage a été réalisé à l'occasion de l'exposition du Prix Marcel Duchamp 2019 au Centre Pompidou (Galerie 4)
9 octobre 2019 - 6 janvier 2020
*This catalogue has been published for the 2019 Marcel Duchamp Prize exhibition hosted by the Centre Pompidou in Galerie 4
October 9th, 2019 – January 6th, 2020*

Coordination pour l'ADIAF / *Coordination for ADIAF* : Caroline Crabbe
Auteurs / *Authors* : Katrina Brown, Nicolas Liucci- Goutnikov, Philippe Mangeot, Bernard Marcadé, Alexandra Midal
Documentation : Victoria Le Guern

Crédits photographiques / *Photo Credits*
© 2019 Philippe Migeat (Centre Pompidou), pour les œuvres de / *for the works by* Éric Baudelaire, Katinka Bock
© 2019 Julia Andréone, pour les œuvres de / *for the works by* Marguerite Humeau
© 2019 Rebecca Fanuele, pour les œuvres de / *for the works by* Ida Tursic & Wilfried Mille

Nous remerçions chaleureusement les artistes et leurs rapporteurs, les galeries et leurs équipes pour leur contribution à la réalisation de cet ouvrage et tout particulièrement :
We would like to give a big thank-you to all the artists, reporters, galleries and their staff for their contribution to the making of this catalogue, and particularly:

Éric Baudelaire, Hélène Maes, Pierre-François Letue ; Philippe Mangeot (rapporteur / reporter) ; Greta Meert et Frédéric Marien

Katinka Bock ; Katrina Brown (rapporteur / reporter) ; Jocelyn Wolff, Sandrine Djerouet et / *and* Louise Desmas (galerie Jocelyn Wolff)

Marguerite Humeau et Juliette Rambeau ; Alexandra Midal (rapporteur / reporter) ; Lodovico Corsini et / *and* Marwann Frickash (galerie Clearing, Bruxelles)

Ida Tursic & Wilfried Mille ; Bernard Marcadé (rapporteur / reporter) ; Antoine Ferrand, Gwenvael Launay et / *and* Milena Oldfield (galerie Almine Rech)

Silvana Editoriale

Direction éditoriale / Direction
Dario Cimorelli

Directeur artistique / Art Director
Giacomo Merli

Rédaction / Copy Editor
Paola Rossi

Traductions / *Translations*
Elizabeth Thomas (préface de / *introduction by* Gilles Fuchs)
Ailsa Cavers (texte de / *text by* Alexandra Midal)
Noëllie Roussel (texte de / *text by* Bernard Marcadé)
Contextus srl, Pavia (Sandrine Merle, Lisa Richardson)

Mise en page / Layout
Mirco Ameglio

Organisation / Production Coordinator
Antonio MIcelli

Secrétaire de rédaction / Editorial Assistant
Ondina Granato

Iconographie / Photo Editor
Alessandra Olivari, Silvia Sala

Bureau de presse / Press Office
Lidia Masolini, press@silvanaeditoriale.it

ISBN 9788836640744
Dépôt légal : octobre 2019

Silvana Editoriale S.p.A.
via dei Lavoratori, 78
20092 Cinisello Balsamo, Milano
tél. + 39 02 45 39 51 01 - fax + 39 02 45 39 51 51
www.silvanaeditoriale.it

Les reproductions, l'impression et la reliure ont été réalisées en Italie
Reproduction, binding and printing realised in Italy

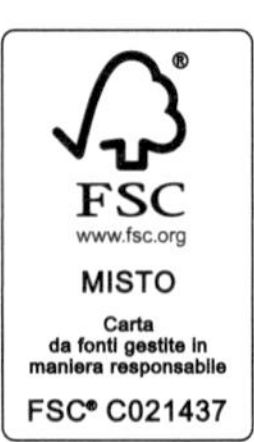